不要假裝讀大學

徐世偉 著

中學階段的學問，影響的是讀甚麼大學和專業！
大學階段的求索，決定的是工作的起點和人生！

財經錢線

這是一份18歲的成年禮！

這是大偉老師對你的真心「嘮叨」！

既然上大學成為年輕朋友都要走的路，

那這條路怎麼走，

聽聽大偉老師怎麼說！

跨越代際鴻溝，

換一個視角看自己，

你會更智慧！

讀大學，這本書不可不看！

——謹以此書獻給我的女兒及同時代的年輕朋友

推薦語 ▶

不要假裝讀大學

◎ 楊繼瑞 等

大學是思想、智慧、情感的「大染缸」。只要你有真材實料，從大學出來後你就會有相當水平的智商，更會兼備相應的情商。如果是這樣，你就是在真正地讀大學，就會有職業生涯中的「黃金屋」，就會有日益增長的美好生活！

————楊繼瑞（經濟學家）

讀大學，是一個人成長過程中的里程碑，對一個學子來說至關重要！這本書的作者，是重慶工商大學的一名資深教授。作者用樸素的語言，娓娓而談，告訴大學生該如何度過自己的大學時光。相信各位同學讀了這本書，會更好地選擇自己的大學生活，讓自己的大學時代更值得回味！

————孫芳城（重慶市學術技術帶頭人、重慶工商大學校長）

這是一本值得大學生認真閱讀的書，讀這本書，你會覺得饒有趣味；不僅會引發你的思考，更會觸動你的心靈，甚至會改變你的人生軌跡！

——王永貴（長江學者、國家傑出青年科學基金獲得者、對外經濟貿易大學國際商學院院長）

正如徐老師在書中所言，中學階段拼的是你的智商和學習習慣，其決定了你讀什麼大學和專業；而大學階段拼的是你的悟性、情商和人生視野，決定了你將過怎樣的人生！讀這本書，有助於你更好地選擇自己的人生道路。作為徐老師的大學同學，我推薦大家閱讀這本書。

——廖曉峰（長江學者、西南大學電子信息工程學院院長）

這是一本關於讀大學的學習指南，不僅僅是學習指南，還是大學生的生活手冊。一位任教多年的大學教授，能坐下來與青年學子談心，不是一件容易的事。這是一本接地氣的書，是一本讓讀者能產生共鳴的書。讀完了這本書，你就明白上大學該做什麼，大學畢業後，回頭望去來時路，會心一笑！

——田祥平（特級教師、重慶南開中學校長）

我是在中國讀的本科，以我自身的經歷告訴大家：大學時的不同選擇，對未來的發展至關重要。大學生讀這本書，會對自己的大學時光有一個更清晰的認識，有助於更好地規劃自己的未來！建議大學生的父母也讀一讀這本書，兩代人共讀一本書，有助於彼此理解，讓父母和兒女之間更融洽。

——Wenyang Zhang（張文揚，英國約克大學統計學首席教授）

作為一個在東西方高校和業界工作過的同齡人，我從內心深處認同這本書的觀點。只有在高校認真工作、認真觀察、認真思考和對社會有責任感的人，才能寫出這樣的書，這是值得大學生好好閱讀的一本書。

跨入大學的學子們，經常會面臨諸多困惑：不喜歡自己的專業，不知道如何與同學和老師交流，是否考證，是否實習，是否考研，是否出國，如何選擇未來的職業，等等。面對這些困惑，這本書都會給你一些有價值的建議，進而作為你的行動指南。

——袁先智（美籍學者、上海千人計劃專家、同濟大學特聘教授）

作為徐老師曾經的學生，我大學畢業後，在職場打拼了十多年，感觸良多，大學這四年的不同選擇，會導致不同的人生歷程！認認真真地讀大學，不辜負自己的大學生涯，對自己未來的發展太重要了！正因為真正讀大學如此重要，建議同學們都來讀一讀徐老師的這本書。

——臧中堂（神州優車集團副總裁）

這是值得本科生甚至研究生好好閱讀、而不是讀了就丟棄的一本書，建議同學們把這本書放到枕邊，不時拿出來翻一翻，回味一下，相信自己的大學時光會更加美好！

——牟綠（重慶工商大學研究生）

的確有不少大學生是在「假裝」讀大學，大學畢業時，拿了一張真的「假」文憑而已。這本書，讓人知曉如何真正讀大學！

——黃俊欽（北京航空航天大學本科生）

推薦序 ▶

不要假裝讀大學

◎ 葉武濱

本書作者世偉教授是我的好友。世偉對當代大學生的學習狀況了然於心，善於引導大學生走一條適合自己的人生道路。作者秉承學無止境、誨人不倦的精神，不斷學習和探索提升時間效率的理論和方法，希望更多的人特別是大學生重視時間管理。因此他撰寫了一本對大學生非常有價值的好書。

　　大學期間，學習時間比中學階段更自由，比工作後更完整，是一個人一生中學習的黃金時間，也是改變一個人命運的重要階段。

　　以我為例，我來自福建漳州小山村，是讀大學改變了我！在大學期間，當別人還在校園悠閒的時候，我就盡力擠出更多的時間去完成我的課業。正是因為我從大學開始，就一直注重時間效率，才成就了我自己的事業。

　　在校大學生要學會給自己設立學習目標、管理學習目標、

聚焦時間和精力達成目標。我認為「如何過一天，就是如何過一生」！如果大學生堅持「早上精力高時做要事」，那就意味著每天第一件事就是用行動靠近自己的夢想。保持這種習慣，那麼你的人生將會燦爛如花！

作者作為一名大學資深教授，解讀了大學生在校期間可能面臨的種種困惑，並提供了可操作性的對策。如果在大學校園的你過得很迷茫，建議你認真閱讀這本書。

願每一位閱讀這本書的大學生都能學業有成，收穫幸福人生！

葉武濱 易效能時間管理創始人

自序 ▶

給自己一段不後悔的大學時光

作為一名高校教師，多年來，我在教學及和學生交流中觀察到一個現象，不少同學在經過嚴酷的高考競爭進入大學後，表現出相對懈怠和低迷的狀態，和中學時代的勤奮刻苦相比反差較大。

　　同學們讀中學時的目標感很強，為考入自己理想中的大學和專業，往往會非常努力地去拼搏。而考上大學之後，很多學生目標感缺失，不少同學進入大學一段時間後感覺很茫然，不知道怎麼進行自我規劃和自我管理，逐漸懈怠，在知識學習、能力獲取、人際交往和視野拓展等方面都沒有獲得應有的提升。在人生最需要努力的時候，就這樣浪費了寶貴的時光，甚為可惜！

　　同學們如果在大學學習階段，僅僅滿足於各門課程考試過關，而沒有認真去思考和規劃自己的未來，並全身心地投入大學的學習生活中，那麼按照現在一句流行的話說，這僅僅是在

「假裝讀大學」而已，即使最終拿到了大學文憑，也不過是一張「假」文憑！

我們作為對自己負責的大學生，都希望自己認認真真地讀大學，而不是在大學「混」著，在「假裝」讀大學，這就需要思考自己的大學該怎樣讀。在人的一生中，中學階段的學習決定的是你讀什麼大學和專業，而大學階段的學習決定的是你將過什麼樣的人生！中學階段的學習拼的是一個人的智商和學習習慣，而大學階段的學習拼的是一個人的悟性、情商和人生視野！

大學時代，哪些事需要去做，該怎麼去做？該如何去讀書，如何去學習？該如何和周遭的人相處？如何提升自己的修為？如何選擇自己未來的路？如何去思考並提升自己的智慧？如何激勵自己永遠心懷夢想，不斷前行？這一系列問題都是這本書要討論和釐清的話題。對諸如此類的問題有了一個正確的態度，才能促使我們有一個從容的心態，「真正」讀大學。

在一個人的一生中，大學階段，是真正能夠靜下心來安心讀書學習的時期，應該好好珍惜大學時光！在這期間把讀大學需要關注和思考的這些問題想清楚，是一個對自己負責的大學生應有的態度！作為一名在高校從教多年的教師，我對這些問題的重要性有頗多感悟，並且促使我寫下這些文字，從一名高校教師的視角，力圖和年輕的朋友們探討如何好好地度過大學時光！

令我有些擔憂的是，不同年齡的人有不同的思維方式，畢竟兩代人之間是有代溝的，我寫下的這些文字，可能僅僅就是「嘮叨」，也許和一些成年人或大學生的父母說的話相似，至於大學生朋友是否願意聽，能聽進去多少，這是你的選擇！因為我談論的觀點，也不一定都是正確的，需要你自己去判斷！即使是正確的，但一個人不得不走的「彎路」，可能無法完全避免，這是成長的代價！甚至可能在年輕的朋友看來，這種成年人所謂「彎路」，正是你視為的青春的色彩！

正是因為有這些擔憂，我盡力把我儲藏的「養分」和我自認為的「精華」分享給大學生朋友，而一些年輕人在諸如「戀愛」等方面可能遭遇到的問題，本書就沒有過多涉及，因為年輕人有年輕人的三觀，我沒有必要在這裡去指導晚輩。我只是希望這本書能夠對大學生朋友們在如何讀大學方面有所幫助，若因此使得年輕朋友在大學少留點遺憾，我就很欣慰了！

我相信，年輕一代注定會比上一代更有智慧！人類最厲害的圍棋手，不是記憶中的聶衛平，而是20歲出頭的柯潔！不過，我們都戰勝不了AlphaGo——這位人類自己創造的圍棋手。面對AI（人工智能）新時代，需要我們把智慧凝聚在一起！作為上一代的我，用對年輕朋友的真心，讓我們彼此理解，一起跨越代際鴻溝！

目　錄

PART1

從中學到大學的跨越

上了大學，好像不知道該做什麼 / 2

校園 FRESHMAN（新人）面對的種種可能 / 16

讀大學，如何真正學會讀書 / 36

PART2

情商和習慣

和人融洽相處有點難 / 54

老師好像變得越來越陌生 / 66

「醜小鴨」如何變「白天鵝」/ 77

PART3

做好「三個管理」

面對煩惱和不如意 / 90

時間都去哪兒了 / 100

如何花錢和掙錢,挺讓人困惑的 / 110

PART4

畢業前的思考和選擇

畢業論文的撰寫令人苦惱 / 124

大家都在考公務員，自己也要考嗎 / 131

考不考研究所，這是一個問題 / 139

PART5

有知識不一定有智慧

讀了多年的書，學會思考了嗎 / 154
陽光雖然燦爛，陷阱還是不少 / 164

PART6

永遠心懷夢想

高職生,有點囧 / 172

理想雖豐滿,現實很骨感 / 182

附錄

附1 大學時代不妨做幾件事——只有行動，才能改變 / 193

附2 大學生100天行動計劃——改變你一生的習慣 / 200

附3 和兒女一起「讀大學」——獻給家有學子的父母們 / 204

後記 / 2 1

PART1
從中學到大學的跨越

既然憋了十幾年的勁考入大學，
那就好好把大學「讀」了！
你若再假裝讀大學，
那真是太冤了！

上了大學，
好像不知道該做什麼

> 要順利地實現從中學到大學的轉換，首先要實現思維方式的轉換。
>
> ——大偉

每年金秋九月，各大高校就會迎來一批新生。各類迎新活動輪番上演，這時的校園著實熱鬧！經歷高考之後，同學們放鬆了一個假期，懷著不同的心情進入大學。很多同學考上了自己滿意的大學或者專業，對進入大學感到很興奮，心中帶著喜悅；還有些同學覺得自己考得不夠理想，沒有進入自己滿意的大學或專業，內心甚至還有些沮喪。但無論如何，所有人對進入大學都懷著一種新奇的心情。因為大學的一切都和中學不同！

和多數中學校園相比，剛進大學最直觀的感受就是，大學

的校園面積普遍偏大，動輒幾千畝的校園。當然也有例外，像對外經貿大學，雖然是全國名校，卻是典型的袖珍校園，不過像這樣的校園，好處是位於北京的四環以內，做什麼都很方便！

老徐所在的重慶工商大學，雖然有三萬學生之眾，但卻是「四非」大學。所謂「四非」，即 2017 年 9 月後流行的新稱謂：非「211」、非「985」、非「雙一流」。當然，這種稱謂是一種自我調侃。不過雖然學校是「四非」學校，但學生沒有妄自菲薄，多數老師教學很認真，每年招生都挺火爆的，所有經濟管理類專業都是第一批次招生，也就是同學們所說的一本學校。

各個學校的校園環境各有特色。以老徐所在的重慶工商大學為例，學生寢室都建在高高的龍脊山上，教室卻建在山腳下。記得曾經有學生常常在校園論壇上抱怨，「每天爬上爬下，把我的腳都走痛了」。不用擔心，現在的多數學校，都有校園交通車，類似於觀光車一樣，不少同學嫌步行麻煩，多選擇乘坐校園交通車，刷校園卡，每乘坐一次花費一元，生意火爆。這些校園服務不少都外包出去了。在老徐看來，自己所在的校園，背靠大山，空氣清新，真是讀書的好地方；每天步行，也鍛煉了身體！不過，年輕的同學們不會這樣想，覺得又累又浪費時間。其實，大家不知道，多走路，男生越走越健壯，女生越走越苗條！說嚴謹一點，這應該是不同年齡段的人對步行的不同理解和心理感受吧！

進入大學後，學校對學生的管理和服務是通過輔導員這一紐帶傳遞的，而任課老師上完課之後，和學生沒太多聯繫，這

一點差別，對剛進入大學的同學來說，還是不太習慣。當然，有時候專業課老師和學生之間的聯繫還是蠻多的，這要看老師的個性了。

輔導員有點類似於中學的班主任，不同的是，在中學，一個老師只能擔任一個班的班主任，班主任同時也是任課老師，而高校的一位專職輔導員可以帶四五個班。通常，輔導員都是剛參加工作不久、在學校比較年輕的老師。在學校的工作崗位系列中，輔導員和任課教師還是有一定區別的。這兩年，很多學校對於擔任輔導員的資質要求，增加了一項學歷要求，就是需要有博士學位。特別要說明一下，所有高校無一例外，擔任輔導員的一個准入條件就是必須是中共黨員。

比較年輕的老師擔任輔導員這一角色，有利有弊。和專業課任課教師整體相比，輔導員由於普遍比較年輕，和學生之間年齡差距不大，更加容易理解學生。

進入大學的學生都已經按專業劃分歸類，當然，現在也有少數學校在進行改革，逐步按照大類招生，入學之後，經過一段時間的學習再分專業。個別學校有所創新，例如，現在復旦大學按照大類招生，學生都不確定專業，到了大四這一年，根據自己的選課情況和各專業培養方案的要求，再申請確定一個專業，作為給學生畢業時授予的專業。

國內的大學生往往會面臨一個問題，就是不少同學不喜歡自己大學所學的專業。之所以出現這樣的問題，有以下幾方面原因。

多數學生高中階段學習的目的，只是為了考上一所「名牌」大學，考入所謂「985」高校，或者是「211」高校，可能今後同學們會看重所謂「雙一流」高校。有個別中學對中學老師的激勵，也是依據其所帶的學生有多少進入了哪個層次的名校來頒發獎勵的，並且有些中學老師對大學的專業選擇並不是很在行。這就可能會促使個別老師，有意無意地引導學生在高考志願填報時，填報更有名氣的學校，而忽視了對專業的選擇。也有父母根據自己的理解和認知，要求自己的孩子填報父母選擇的某個專業。

當然，導致不少同學不喜歡自己所學專業的另一個主要原因就是目前的高校招生錄取制度。目前，絕大多數省份實行的志願填報方式，都是平行志願的方式。熟悉這種志願填報錄取方式的朋友都知道，這種方式能確保高分考生不落榜，但前提是要服從專業調劑，否則一旦考生未能被錄取，就只能參加徵集志願填報或下一批次的遴選了。高校這種錄取制度能確保完成招生計劃，但會使得部分考生被錄取到自己不喜歡的專業。

還有不少學生最開始選擇了自己喜歡的專業，但進入大學真正開始學習之後，才發現這個專業並不是自己所喜歡的。因為，多數同學對專業的理解存在很大偏差，有時候，僅從專業名稱上理解的和真實的差距巨大。舉個例子，我的一位中學同學，30多年前考上了清華大學應用化學專業，不過，進去之後才知道，之前這個專業叫作「放射化學」。不少學生被這名稱嚇住了，沒多少人填報，於是就改為「應用化學」。其實，這個專

業並沒有人們想像中恐怖。

如果面對自己不喜歡的專業怎麼辦呢？老徐在本書後面的章節會給你一些建議，相信你會正確面對這個問題，並做出適當的選擇。

多數大學生在中學時代，集中全部的能量，所做的一切努力，都是為了提升高考的分數，除此之外，別的一些應該掌握的能力，甚至應該具備的一些生活常識等，都被學生、家庭和學校忽略了。到了大學，他們需要重建自己的知識體系、能力體系和價值體系。中學時代看重的東西，到了大學不一定看重；中學時代可以忽略的東西，到了大學，一定不能忽略。這就需要我們轉換思維方式，建立屬於大學生的思維。老徐觀察認為，從中學進入大學，是人生一個巨大的跨越。**大學生要順利地實現從中學到大學的轉換，首先要實現思維方式的轉換！**

作為一名大學生，我們每一個人都有自己的夢想。夢想是我們每個人內心希望達成的狀態，夢想是我們的美好願望，也是支撐我們每一個人努力奮鬥的動力，構成我們美好生活的一部分。

目前自己現實的生活狀態、工作狀態、經濟狀況及能力和夢想相比有很大的差距。現實社會中，一些人的夢想通過自己的努力最終實現了，一些人的夢想卻漸漸虛化，化為泡影。現實和夢想之間往往隔著一個巨大的鴻溝，我們要跨越這巨大的鴻溝，實現心中的夢想，就需要用一個又一個具體的目標來填

平這個鴻溝。

同學們在中學時代對自己的未來都有憧憬，也有自己的夢想，但由於年輕，對社會認知不足；不僅同學，也包括家長及學校的老師，同樣對社會未來發展的趨勢不一定有一個清晰的認識。好在大家都有一個共識，就是上大學，上一所好的大學，肯定會離自己的夢想更近一些。於是好好讀書，盡一切辦法在高考中考一個好的分數，以進入自己理想中的大學或專業就是同學們中學階段唯一清晰的目標。

在長達 12 年的中小學學習生涯中，特別是高三階段，似乎考試和獲得好的分數幾乎成為所有學生最重要的甚至是唯一的目標。雖然說這種導向存在瑕疵，也容易忽視對學生綜合能力的培養，但我們知道，在相當長的時間裡，我們都無法改變這種導向。不過，在高考中獲得理想分數有一個好處，就是大多數學生在中學時代的目標很明確。千百萬學子一年一度的高考，就成為檢驗同學們是否達成目標的方式，同學們為此無怨無悔地奮鬥著！

進入大學後，同學們心中的夢想依然存在，但要達成自己理想所需的一個又一個小目標似乎找不到了。大學和中學時代最大的區別就是，中學時代，我們的所有時間都被學校和老師安排好了，到了高三，時間甚至都被填滿了；而進入大學後，很多時間都需要自己去安排，需要自我管理，老師更多地起一個引導的作用，但同學們很難短時間內適應，自我管理能力不足，難以適應大學的學習和生活模式。在國內的高校還好，設

置了輔導員崗位，寢室也是統一管理的，使得這方面的自由度有限；而到國外讀大學，可能租賃宿舍等一切安排都需要自己搞定。七八年前，曾經有一位在香港科技大學負責這項工作的老師告訴我說，內地來的學生最先都不習慣，似乎找不到「組織」了，因為沒有人成天管著你，很多事都需要自己決定，從內地來香港讀書的學生需要有一個相當長的適應期。

同學們從中學進入大學，在最初的新鮮感之後，逐漸會有一些茫然的感覺。因為每一個人的夢想都是個性化的，而為了實現自己的夢想，需要你自己去設定一個又一個的小目標，並為此而努力，這就更需要自我管理，學校沒有必要、也不可能用一個統一的目標約束你、督促你。

個人的夢想，以及構成這些夢想的若干目標，離現實中的大學生活，實在是有些遙遠，導致目標感不足。目標感的缺失，再加上中學時代超強的學習壓力使得同學們在很多方面的正常需求都被抑制而沒有得到釋放。這些需求包括個人的一些愛好，和同性及異性朋友的正常人際交往等，都需要在大學階段進行彌補。同學們自己或周邊的親人都比較認同這種感受。一位在高校從事外語教學的老師說，幾年前，她的一個學生和她聊天時告訴她，自己的媽媽說，「幺兒，你到了大學好好休息一下」，這說明部分同學和自己的親人都認同這種進入大學後需要放鬆的心態。但是，如果一直抱著這種心態，慢慢地，會使不少同學在學習等方面逐漸懈怠，大學時代的美好時光，可能就不知不覺地被揮霍掉了。

同學們進入大學，首先涉及一個目標和定位問題。**對於讀大學的定位和希望達成的目標，我們可以從幾個視角來看，第一是大學生自己想要得到的，第二是學校或者官方想讓我們達到的，第三是社會各界認為大學生應該獲得的。**這三個不同的視角，分別反應了學生自己的目標需求、辦學機構的目標定位，以及社會的期許等。

　　我們首先從社會上部分人對大學生的評價來看這個問題。社會上常常有人抱怨，現在的大學生，出來什麼都不會做，不知道這大學是怎麼讀的。一些社會人士抱怨大學開設的很多課程沒有什麼用，所學的東西在社會上都用不上；大學就應該教學生實用的東西，教那些讓學生進入社會之後能夠真正用到的知識，否則還不如職業學校培養的學生好用。

　　由於部分學生基本的自我管理能力欠缺，而讀書期間所學的知識，短時間內又無法體現和轉換為具體的技能，導致社會上部分人士對大學生培養廣為詬病。這些人的抱怨是可以理解的，除了一些同學確實不努力之外，還因為不同的人對大學生培養定位的認知不同。

　　一些高校教育界人士則持相反態度，國內曾有一所大學的副校長說，我們大學又不是職業培訓機構，為何要完全迎合社會的需求，我們要培養有發展潛力的人。再看國外的知名大學，耶魯大學就認為，如果一個學生從耶魯大學畢業後，居然擁有了某種很專業的知識和技能，就是耶魯教育最大的失敗。曾經

有人在回顧自己在這種教育理念下所接受的教育和評價自己讀大學的意義時說，記不得大學到底給了自己具體的什麼知識技能，讓自己畢業後能夠用來應付工作；但在大學裡學到的最有價值的東西是自己思考的能力和習慣。這才是讀大學的真正價值！

作為大學生的我們，該如何看待部分社會人士的期待和高校辦學定位的這一差異？我們需要什麼？到大學學習的目的是什麼？在大學到底該學什麼？

老徐作為一名高校教師，就我個人在高校耕耘幾十年的感受而言，不同人站在不同視角提出的觀點都有一定的道理。人們最初對大學教育的認識，是把大學教育視為精英教育。美國一些知名高校如耶魯大學等，把領導力培養視為第一位，要培養具有獨立思辨能力、能夠改變和影響世界的人。我理解的是，具備這樣的素養，並且能順利從這些高校畢業，他們進入具體工作崗位後，其社會適應能力和崗位適應能力應該是非常強的。

而現在中國的高等教育已經是事實上的大眾化教育了，大學生作為一個體量巨大的整體，多數學生已經不太適合按照精英教育的培養理念和思維進行培養了。老徐認為，不僅大學本科生或高職專科生，甚至是碩士階段的教育，都不可能按照所謂的培養精英的思路去定位。以不少高校的研究生教育為例，按照最初的教育機構的定位，研究生是為未來的研究做準備和打下堅實基礎而進行的培養，碩士研究生畢業之後，要麼繼續

攻讀博士，要麼從事研究類工作。但是，事實上，多數研究生之所以讀研，是希望通過碩士研究生階段的學習，為今後找到一個較為滿意的工作做準備，也就是說希望通過攻讀研究生，找到一份起點高一點的工作。所以，對於高校大多數本科生或高職專科學生來說，大學教育還是應該迴歸到和就業相關聯這一基本出發點上來。

在老徐看來，同學們進入大學後，思維方式的轉換體現在多方面。中學時，多數同學的學習目的就是考試拿高分，雖然拿高分是一種能力，但可能很多其他方面的能力都會被忽略。進入大學，各門課程的考試分數還是相當重要的，至少你考試必須及格，但和中學時相比，分數就顯得不是那麼重要了，除非你一心一意要拿獎學金。到了大學，你得特別關注如何在學習中培養你的能力。「能力」這個東西，和考試「分數」有一定的相關關係，但有時相關性不是很強，甚至有時候用分數是無法去評估能力的。能力是多方面的。一些社會人士把招聘來的大學生好不好用作為評價大學生的唯一標準，這可以理解，但不準確。

老徐建議，一個接受高等教育的人需要培養多方面的能力，在看重各科課程的考試分數的同時，要超越分數這個視野，即在大學求學階段，要有意識地拓展自己各方面的能力。建議各位同學，好好思考，在讀大學期間如何去構建自己的能力體系。舉個例子，在大學生必備的能力體系中，「語言表達能力」就是

一個最基礎的能力。培養自己在群體面前說話的能力，是每一個學生都應該有的意識。因為，未來無論你從事什麼樣的職業，你都得和人打交道，都需要把你的想法和訴求用恰當的方式說出來，包括傳遞你的思想，分享你頭腦中閃現的創意，表達你的訴求，用恰當的方式說出你的某種情緒，等等。我擔任高校老師這麼多年，據我的觀察，在高校就讀的大部分同學，其語言表達和溝通能力明顯不足。但許多同學似乎都意識不到自己這方面的不足，更沒有為彌補這方面的不足而採取任何措施。

大學生的語言表達能力，只是對大學生能力要求的一個方面，除了語言表達之外，各位同學還應自己去斟酌，還有哪些能力需要在大學階段進行培養。因為課程考試的分數不是評價一名大學生水平的唯一指標。若認可這個道理，你就要考慮如何規劃和選擇自己的大學生活，如何構建自己的知識和能力體系。

在本書的撰寫過程中，老徐一直在思考是否該去構建一個大學生的能力體系框架，後來想想還是放棄了。之所以不做這樣的描述，一是因為對這樣的能力體系，以前不少人都做過類似的詮釋，我沒有必要無創意地多此一舉；二是因為不同個體，有不同的個性和特質，個人的能力體系是有差異的，是個性化的，絕對沒有一個統一的模式能把大學生的所謂能力體系全面地展示出來。作為一名大學生，你需要自己去思考，並根據自己的個性特質、未來的發展方向去塑造自己的能力體系。這裡提到的大學生語言表達能力的不足，只是我觀察發現的大學生

一個較為普遍性的問題。

♯延伸閱讀♯ 上課積極發言比考試分數更重要

作為一名高校教師，多年來，我觀察到一個現象，就是同學們在上課期間，普遍不太喜歡發言。老師在課堂上向學生提問時，少有人主動回答；不少同學即使被老師點名要求回答問題、不得不發言的時候，聲音也小得如蚊蟲一般，更無法有效地組織語言，清晰地表達觀點。遇到這樣的情況，我就得反覆提醒，聲音大一點，讓在課堂上的其他同學能夠聽到你講話的聲音。甚至有極端情況，個別同學在被點名要求回答問題時，就回答三個字：不知道。

我觀察到的這一現象，至少在我所在的高校，多數老師和我有同感，詢問其他高校的老師，也有同樣的感受。回顧同學們求學期間走過的歷程，老徐認為出現這種情況是有原因的。

在互聯網時代成長起來的學生，接觸的信息和我們那個時候相比，是非常豐富的，就如我女兒這個年齡，在閱讀中獲取的知識、資訊，特別是一些科學知識等，比作為父輩的我們多多了。但為什麼在大學的課堂上，教師卻感覺同學們比較沉悶，甚至很多基礎性的東西都不知曉，而且普遍不願意在課堂發言呢？

從目前大學生的成長環境看，多數學生是獨生子女，少有兄弟姊妹，平時喜歡宅在家裡，因為有互聯網也可以和同伴交

流，即使宅在家裡，也不覺得孤獨。同學們交流時，喜歡使用網絡語言，似乎已不太習慣在正式的公眾場合進行表達了。

另外，我認為在同學們的中小學學習階段，對表達方面的訓練和要求也不足。大家都知道，為了在高考中獲得一個比較理想的成績，同學們大量時間都花在做題等方面的訓練上，而缺乏對語言表達方面的訓練。尤其是文史類知識，更偏向於記住標準答案，答題是有固定套路的，同學們已經習慣按照固定套路，組織文字回答問題。正是這些原因，使得同學們已經習慣了上課聽講而不發言的學習模式。而反觀一些西方國家的課堂教學，很多知識的學習，需要分組討論，形成自己的觀點，並且每個組需要做陳述，這種表達訓練，既是對思考和分析能力的訓練，同時也是對語言表達能力的訓練。為了做好這種課堂交流，桌椅也是按照便於分組討論的要求設置的。

老徐還發現，同學們沒有認識到上課發言的重要性。有一種觀點認為，知識有兩種，通常能夠以書面文字、圖表和數學公式加以表述的，這類知識稱為「顯性知識」；而難以被表述的知識，像我們在具體做事的行動中所獲得和擁有的知識，可稱為「隱性知識」。我認為，在大學學習中，一些工科類知識更偏「顯性知識」，而管理類知識偏「隱性知識」。管理學科的知識，你記住一些知識條款，即使把這些條款背下來，也沒有太大用處，因為過段時間之後，你記住的這些知識如果沒有被應用到實踐中也很快會被遺忘。而不管是在課堂上或者課堂外，分組進行討論交流時，你首先要去思考，再組織語言把思考的結果

表達出來；同時聽取組內其他同學發言，換一個角度去理解問題，有利於你更好地認識所討論的問題。各組討論所梳理的觀點，再拿到全班課堂上去做陳述，這個過程本身就是一個很好的學習過程。這種群體學習方式，便於你更好地理解知識。

　　課堂發言，也是對表達能力的一種訓練。一些西方國家的民眾普遍比較善於表達，可能和他們在學習過程中進行的這樣的訓練是分不開的。同學們在校期間，若不積極地訓練自己的語言組織和表達能力（其實也是一種思維能力），就僅僅想花時間多考幾個證，這在認識上是一個很大的誤區。

校園 FRESHMAN（新人）面對的種種可能

> 選擇不同的大學生活，就是選擇不同的人生！
>
> ——大偉

大學的一年級新生，在英語中稱為 Freshman，即「新鮮的人」，很形象。校園新人在面對大學生活時，就如諾貝爾文學獎獲得者辛波斯卡在一首名為《種種可能》的詩中寫到的那樣：有各種偏愛，也有種種可能。在校園新人面對種種可能時，我們該如何選擇呢？老徐來談談相關問題，並給你一些建議吧。

不喜歡自己的專業怎麼辦

之前談到，在國內高校，多數同學被錄取時，都是明確了

就讀專業的，也有少數大學開始按照學科大類招生。高校也在不斷探索新的培養方式，以老徐所在的重慶工商大學為例，幾年前，學校成立了通識學院，所有就讀該校的學生，在大一時都隸屬於通識學院，由通識學院統一管理，大二再進入原招生錄取的學院和專業。重慶工商大學這種管理方式，本質上和過去還是差不多的。

在大學裡，有些學生並不喜歡自己所讀的專業。同學們若遇到這種情況，處理要極為慎重，既來之，則安之，不可貿然退學，也不能自暴自棄，要認真對自己目前所學的專業進行評估。其實，任何專業，大家最初看到的往往是這個專業表面上的情況，有的看似風光，但是任何專業和學科，在進行深入學習之後，都會發現是很枯燥的，都需要艱苦卓絕的努力才可能學得通透，並有所成就。有可能一開始不喜歡某些知識的學習或某項工作，但興趣可以慢慢培養，在深入學習之後就逐步喜歡這個專業了。反過來，還有這種情況，一個人最初喜歡某個專業，深入學習之後卻又不喜歡了。我們不要被短期內專業學習的枯燥所嚇倒，要對專業深入學習之後，才能進行比較準確的評估，才能明確自己對這個專業的學習和探究，是否能讓我們每天都願意全身心投入。**真正有意義的人生的選擇，都是在與自己的軟弱進行鬥爭後的結果，努力朝著自己喜歡的方向奔跑，才是人生最值得去做的事情！**

就算是你經過慎重評估之後，的確不喜歡你所讀的專業，不要氣餒，不要洩氣，因為你有機會在大二前調整專業。在大

一學習的時候，多數同學還沒有進入專業課學習，這時候你要做的就是把大一開設的課程學好。通常，除了部分人文類專業之外，大多數專業都要開設高等數學，這是幾乎所有專業的基礎；另外，英語作為國際化交流的語言，也是一門必備的基礎課程，你就把時間花在學好這些基礎課上。**多數學校在制度設計上，在進入大二之前，有一次轉專業的機會，其中，核心條件是你大一期間的學分績點比較高，成績勝人一籌。**你在大一時，把數學和英語等課程學好了，轉專業的申請通過的把握就更大。以前，有不少朋友找過老徐，說自己的孩子在我任職的高校就讀，希望轉專業的時候幫忙通融一下。我說，沒問題，你的孩子大一把課程學好，特別是數學和英語，靠成績說話。所有轉專業的名單，都會在全校公示，是公開透明的。只要你足夠優秀，大一時各科考試成績好，轉專業就沒有問題。

愛自己，首先要照顧好自己，把自己的日常生活打理好

同學們作為大一新生，進入高校後，一方面覺得新鮮，另一方面也似乎需要放鬆一下，這可以理解。通常，大一學習的課程排得不是很滿，同學們有不少自我安排的時間。在這個時候，做什麼就很重要了。若對未來沒有方向感，這樣持續放鬆下去，慢慢地就會感覺迷茫。因此，及時地規劃自己的大學生涯是非常重要的，否則，時間白白流逝，到畢業時，追悔莫及！

在規劃自己的大學生涯前，老徐強烈建議你對自己有一個基本的要求，首先就是把自己在學校的日常生活安排妥帖，把自己照顧好。

　　由於中學時代同學們全力應對高考，大多數同學的日常生活都是由父母操心的。比如不少同學所在學校的食堂飯菜不可口，他們的父母或者爺爺奶奶、外公外婆，每天會給孩子送飯菜。由於習慣於這樣的照顧，同學們不太善於管理自己的日常生活。其實，無論你是誰，無論你多優秀，你也得是一個會料理自己日常生活的人。現實中，老徐給同學們提的第一條建議就是**把自己照顧好，把自己的日常生活打理好，這是大學生要做的最基礎的一件事。**

　　青春無敵，年輕就是最大的資本。在大學的這個時候，個人的身體狀況處於最好的時期，也是經常損耗身體的時期。這個時候，不怕熬夜，熬完夜第二天也能精神十足；黑夜中同學們在寢室裡長時間用手機、刷微信，眼睛照樣沒事；在校外簡陋的大排檔，大吃大喝，只圖口腹之欲，不管這些垃圾食品對自己的身體有多大的傷害；到網吧通宵玩游戲，可以把一切都忘記了；早上賴床，起來不吃早餐，為省事早餐午餐合二為一。

　　這所有的一切，都是有代價的，**你未來的精神狀態、生活狀態和健康狀態，和現在你的行為一定有關**。保持自律，減少「放縱」的機會，讓你的日常生活處於相對有序的狀態，是非常重要的。人就是一件「耐用品」，需要時常保養和維護，這件「耐用品」才會保持在最佳狀態。就像一輛車，如果你善於保

養，就可以行駛上百萬千米，而你不好好保養，很快這輛車的各種問題就出來了，甚至會因此提前報廢。

在大學求學階段，同學們通常會離開父母，打理好自己的生活是最基本的要求。大學求學這一時期，是人從少年邁向青年的過程。老徐坦率地說，青春期逆反心理比較重，多數同學總覺得一直受父母的羈絆，希望遠離父母的嘮叨，這樣的心情可以理解。但是在生活上照顧好自己，學會對個人生活的自我管理，打理好自己的日常生活，這是對自己負責，對自己的未來負責！同時是為替你操心的父母負責。家庭的親情，是人類社會的一種基本的情感聯結，為你的家庭甚至為家族負責，是一個人必須盡到的最基本的責任。愛自己，首先要照顧好自己，這應該是同學們在大學時代對自己最基本的一個要求！

關於培養方案與學生的課程選擇

通常，高校對大學生的培養是依據每個專業制訂的培養方案進行的，無論就讀的是本科還是高職高專，學習完相應學分就可以畢業。從理論上說，培養方案的確重要。曾經有一位大學校長說，培養方案就是培養大學生的一本「憲法」，必須不斷優化和完善。雖然不少學校的培養方案每一年都在修訂，但坦率地說，至少老徐知道的一些高校的培養方案就存在不少瑕疵，不過似乎暫時也無法根本性地改變。

第一，培養目標的表述和現實有較大的落差。幾十年前，

高等教育應該屬於精英教育，而 1998 年擴招之後，大學教育就成為事實上的普及性教育。以管理類專業為例，在培養方案的表述中，我們往往說該專業是培養「具有創新能力的複合型的高層次管理人才」等。我們不排除今後在學生中會產生這樣的人才，但是對於多數學生來說，高中畢業，經過四年左右的大學教育，可能最多只能算是人才的雛形；有的畢業生具有較大潛質，有的可能就適合做一般的事務性工作。但是，一個學校若把培養方案寫得很現實，表述為本專業培養的是企事業組織的基層管理人員，可能又會讓各方面的人都覺得不夠有內涵。

第二，培養方案中要設置若干課程和實踐環節，並構成課程體系。在制訂培養方案時，這是最讓人頭痛的事。做到課程體系優化非常不容易，有些課程，是任何專業都必須開設的，而且課時數要有所保證。個人覺得，作為學生，無論喜不喜歡這些課程，你都無法拒絕，剩下的就是如何去適應的問題。任課教師的教學水平很重要。據知名管理學者陳春花教授自述，她是以工科畢業生的身分留校的，一開始上課就擔任馬克思列寧主義課程的教學，在她的精心準備之下，課程還是很受學生歡迎的。曾經有學生在黑板上給她留言：「期待下次課的到來。」既然是學校開設的課程，你不喜歡但又不得不學，那麼建議同學們積極看待這類課程的學習，多關注課程對自己有所幫助的積極的一面，至少保證所修讀的課程考試合格。

如果覺得大學畢業證書這一紙文憑很重要的話，你就要保證自己能夠順利畢業，就一定要在規定的時間內把相應的不同

類別的課程的學分修滿。例如，某校規定全校公共選修課必須修滿9個學分，個別粗心的學生在畢業時，只修了8個學分，就畢不了業。犯了這樣低級的錯誤就太悲劇了！這位同學就只能延期畢業，補修學分。另外，除了大部分必選課程之外，對於選修課，不少同學是看哪門課容易過關，就選哪門課程。老徐認為，這種選課導向不好，選課時，要根據這門課對你未來的發展有多少幫助而進行取捨。

做哪一類學生，取決於你自己

在校園裡的同學，由於有不同的個性和偏好，會在大學期間展現出各自的特質。每一個人都應該自我審視，真正認清自己，好好評估自己，屬於哪種類別的人？該做怎樣的選擇？

多年前，有一位「80後」知名創業者、畢業於哈爾濱工程大學的戴志康同學，曾經在一個媒體組織的對話交流活動中，把學生分為三類群體。戴志康同學當時是這樣描述這三類同學的。

第一類學生群體是傳統意義上的好學生。上課認真聽老師講課，課後完成作業，課前有預習，按照培養方案中的課程設置，認真修完每一門課的學分，考試成績比較好。這類學生從大三第二學期開始，就積極準備報考研究生；大四前，就在暑期報班復習考研的政治、數學和英語等課程。這類學生就是大家認可的好學生，大多數老師也比較喜歡這類學生。這是走

「正途」的學生群體。基於不同學校的不同學生自身的學習素質，或者選擇讀研，或者選擇考取公務員，他們一般都能謀得一份較好的工作。這類學生是學生中較為主流的群體。

第二類學生群體在進入大學後，由於離開父母，也沒有像中學時代的班主任等那樣整天盯著，就想在大學輕鬆一下，於是打游戲、翹課、每天熱衷於當吃貨、熬夜晚起。這類學生的大學基本上是混過來的，在校期間常常補考，不少人跌跌撞撞地終於混畢業了，也有些同學學習成績實在太糟糕，最後只能肄業離校。

第三類學生群體，有自己的想法和規劃，而且性格中有些野性，敢作敢為。他們對於自己覺得沒啥用處的課程，常常翹課，但是他們翹課後並不是待在寢室玩，而是利用這段時間去做自己想做的事情，看自己喜歡看的書，甚至跑出去兼職等。這些學生由於對某些課程用心不夠，可能也會遭遇補考等，但是多數人還是順利畢業了。由於有自己的規劃和想法，這些學生大學四年過得比較充實，其個人的能力在許多方面也得到了鍛煉。

在老徐看來，根據不同大學生的特徵劃分類別，是一件有點複雜的事。戴志康對大學生群體的分類雖然有些簡單化，但不無道理。不管做哪類學生，完全是自己選擇的結果。不過，同學們千萬不要做第二類學生，若大學幾年的大好青春年華，就這樣荒廢了，實在是對自己不負責任，這是對自己生命的浪費。這樣的同學一旦醒悟之後，一定會追悔莫及。

在比較「正統」的教育模式的影響下，以及在社會環境的引導下，有追求的同學成長為第一類學生的可能性較大。成為這樣的學生，一定是值得高興的事，對這樣的學生，學校和家長都比較認可和放心。就普通家庭來看，自己的兒女按照這樣的路徑走下去，是一種自然的選擇。不過，這類學生群體在未來的成長過程中，同樣面臨許多挑戰。老徐認為，這類學生在歷練自己領導能力、創新能力方面，還有很長的路要走，因為在這類學生中，不少同學在這些方面可能存在短板。

特別要說一下第三類學生，這類學生在大學中算是另類。戴志康同學就自認為他是這樣的學生，由於常常翹課，他累計有十幾門課程都有補考的記錄，跌跌撞撞地拿到了大學畢業證。不過，戴志康在大學期間就幫別人編程，做網絡社區，其做的社區論壇軟件「Discuz!」，在大學期間為他賺取了50萬元。畢業之後，戴志康去北京發展，辦公司又把所有的錢賠光了。經過若干年的打拼，從目前看，他發展得也還不錯。

第三類學生常常有些出格的表現。例如，和老徐同時代的大學生中，目前已隱退江湖的、以開發WPS聞名的金山公司原董事長求伯君先生，可以算是這類學生。求伯君讀大學時，偏愛計算機，那時候計算機很貴重，但為了方便用到計算機，他居然私自配了一把機房的鑰匙。還有著名的阿里巴巴創始人馬雲也算這類學生。馬雲讀書時表現並不出色，大學考了三次，但就是偏愛英語，十幾歲時，就常常跑到西湖區的賓館找老外練口語。

在老徐看來，第三類學生的個性特質，更容易使其成為創業者，不過這類學生走的路，並不會一帆風順，可能受的煎熬更多，也會讓家人有更多的擔心。比如京東的劉強東，在大學期間掙了些錢後，大四時居然去開餐館，賠得一塌糊塗，1996年大學畢業時，他是帶著20多萬的巨額負債離開學校的。

老徐覺得不要刻意去鼓勵學生選擇做第三類學生，同學們努力去做第一類學生也不錯。**社會是多元的，關鍵是每一個人要遵循內心的呼喚，選擇自己想要的生活！**不能絕對地說做哪類學生就一定好，建議各位同學好好評估一下，自己更適合做哪類學生。

大學第一年感到迷茫時，就把時間花在英語和數學等課程上

通常，剛進入大學時，特別是大一的第一學期，在大多數高校的課程設置中專業課程所占比例較低。除了英語、數學等公共基礎課程之外，幾乎所有專業都要開設思想道德與修養、中國近代史等公共課程。雖然剛進入學校時，學校會組織新生進行專業教育，但是，同學們對專業的理解仍然比較粗淺。一些同學在大一時，對未來和專業感到有些迷茫是正常的。除了少數人文類專業或藝術設計類專業的學生之外，絕大多數同學都要學習數學，而英語是幾乎所有專業都要學習的。所以，在這裡，老徐可以負責任地說，數學和英語是多數專業大一時最

重要的課程。當你在大學迷茫的時候，就把時間花在這上面，把英語和數學真正學紮實、學好。如果你在大一時，學好了英語和數學，那麼可以說，你大學生涯的起點就是不錯的。在後面的學習中，這會讓你的學習有一種遊刃有餘的感覺。

下面，老徐來分析一下學好英語和數學的理由。目前，不少同學都希望未來繼續攻讀研究生，包括有些在高職院校學習的同學，在工作幾年之後，還想報考專業碩士研究生。考研這個話題，老徐在本書的後面有專門的版塊會涉及。在這裡，我要提醒同學們，如果有考研的初步打算，大一就應該把英語和數學這兩門課學好。

部分英語基礎比較好的學生應對大學的英語課程是相對比較輕鬆的。英語的重要性我就不多談了，大家都明白；至於英語該怎樣學，也不是我這本書講的重點。基礎好的同學，盡可能地注重培養自己英語的實際應用能力，不要太偏重應試。因為大學四級英語考試對於英語基礎比較好的學生來說，算是小菜一碟。從應試的角度看，不少英語基礎好的同學，大學考四級，靠中學打下的基礎就可以通過考試。但中學時代學英語可能應試的目的強一點，而到了大學，應該在大一的時候，就要讓英語能夠在實際中被用起來。馬雲為了提高英語表達能力，在他的中學時代，就跑到賓館酒店去找老外聊天。現在的條件這麼好，大家盡量在大一就把口語練好，至於練習聽力，現在各種音頻資料太多了，重點是堅持練習。同學們要具備基本的英語聽說能力。除了聽說之外，同學們還要多看英文資料，特

別是專業方面的英語資料，提高英語的實際應用能力才是王道！

數學幾乎是一切學科的基礎。未來考研，無論是理工科，還是經濟管理類學科，除了少數人文類學科，以及醫科、藥科等專業之外，數學都是要考的。所有學生都得好好地沉下心來把這門課程學好。大一時數學基礎打好了，可以為今後的考研節約不少時間。

對於絕大多數同學來說，在考研時，只要英語和數學考得好，其他的兩門課——按照國內的考研模式，還包括一門專業課和一門政治課——相對都比較容易（少數名氣比較大的高校，專業課考試要難一些），甚至可以說，英語和數學好了，考研如探囊取物般輕鬆。如前文所述，大一把英語和數學等課程學好了，大二開學前申請轉專業就會比較容易。老徐認為，到大三快結束時，再決定考研與否都來得及。其實，如果同學們在大一的時候把相關基礎打好，就算只花費半年時間準備考研也會遊刃有餘。那些為考研準備好幾年的同學，其實有些辜負大學的美好時光。如果我們把大學時代的主要精力都花在考研上，就有點本末倒置了。

從應對考試轉變為深度學習

大學的課程學習，要通過課程考核，並不是特別難。尤其是在目前一些高校的教學管理模式下，要讓所修的課程及格，是比較容易的。但真正要學好一門課程，需要付出艱辛的努力，

而對一門課程學習效果的評估，僅依靠考試是不全面的。

　　進入大學之後，一些同學依舊沿襲中學時代的學習方式，甚至強化中學時的學習方式，是存在一些問題的。比如在大學學習中，有些同學的學習，還停留在記憶層面的學習上，即把所有的知識點背下來。記憶層面的學習，是浮於表面的學習，表現出來的行為就是在時間安排上，平時比較輕鬆、懶散，而到考試前就通宵達旦地突擊學習。很多同學還不習慣針對特定專題的學習進行廣泛閱讀，做讀書筆記，一起討論或辯論，以及思考觀點背後的邏輯。尤其是同學們在學習社會科學方面的課程時，由於表達方面的訓練不足，批判性思維意識的淡薄，對所學習的知識只是被動接受；若讓同學自己去組織文字或語言，表達自己的觀點，一下就顯得有些無所適從。

　　大家知道，按照艾賓浩斯的遺忘曲線，突擊學習的同學通過「背要點」所獲得的知識，很快就會被遺忘。所以，用這種方式學習的同學，由於學得很泛、很淺，導致他們經常覺得不少課程似乎都學過了，但都沒有把握其內涵和體系，以至於到了大四的時候，不少同學感覺沒有學到多少有用的東西。

　　舉個簡單的例子，絕大多數專業在大一時，都開設了計算機基礎類課程，多半都學過 Excel——微軟公司的辦公軟件之一。我曾經問過同學們，假如你畢業後去買房子，貸款額度 60 萬元，貸款時間 20 年，等額本息還款，按照年利率 5％ 計算利息，每月該還多少？你是否會用 Excel 算一算？不少同學並不知道該怎麼去做。其實這只需要套用 Excel 中的一個公式就可以解

決。這反應了大學學習裡普遍存在的一個現象，不少課程，同學們以為自己學了，但沒有去深度鑽研，結果並沒有真正學到相關知識。

老徐認為，一些很實用的工具類知識，例如微軟公司開發的辦公軟件中常用的 Excel、PowerPoint（PPT）等，若熟練掌握其 80% 的功能，就可以提升你今後求職的競爭力，甚至成為謀生的手段。有個單位的一位員工，非常善於製作 PPT。憑藉這個特長，他多次為單位製作高質量的匯報 PPT，因此受到重用，後來還被提升為單位的中層幹部。

老徐建議，同學們在學習一門課程時，需要針對課程內容進行廣泛閱讀，做好讀書筆記，嘗試對問題進行深入思考，培養批判性思維，尤其在學習社科方面的課程時，要注重討論和交流，而不是被動地接受知識。這樣的學習才更有價值。

結識一些志趣相投的夥伴，結交幾個知心的朋友

進入大學，同學們會交不少新朋友。你的視野、你未來事業的發展程度，都和你擁有什麼樣的朋友直接相關。老徐建議，在大學可有意識地結交朋友。這種朋友，不是吃喝玩樂、插科打諢式的朋友，而是你人生前行中能相互理解、相互助力的朋友。現代社會，社會分工越來越細，人和人之間、組織和組織之間進行協同合作是未來的方向。一個人在事業上的發展程度，和他是否善於與人相處、合作息息相關。

在校大學生都是離開父母，離開自己長大的家鄉而來到大學校園的。現在的大學通常都是四個同學或六個同學一間寢室。雖然各自的原生家庭不同，經濟條件不同，但是由於緣分，大家來到同一所大學並在同一屋簷下生活。同一寢室的同學朝夕相處，生活習慣的不同，可能會帶來矛盾。同學們要學會彼此謙讓，若生活習慣不同，為避免打擾他人，要學會克己、相互體諒；若室友打擾到你，要有策略地表達自己的訴求。大家都知道林森浩投毒案，這個悲劇發生的原因除了林森浩自身的問題之外，還在於同一個寢室的同學，相互都不太注重溝通，忽略了維護對方的尊嚴。除了同一寢室之外，同一班級、同一專業、同一學院及同一學校的同學，不論在教室、在食堂、在圖書館等地，大學生都應該保持一個基本的、合乎主流社會認同的行為修養。

在大學尋找到志趣相投的夥伴，是一件有意思的事。大學時，同學們會參加自己感興趣的社團活動，在社團中結交來自天南海北的朋友。老徐在四川大學讀書時學的是數學專業，記得大學時代的幾位同班同學，由於喜歡書法，一起加入了學校的書法協會，其中一位申同學還當上了書法協會的副會長。通過書法協會，這幾位同學認識了許多其他系的同學，其中包括書法協會的會長——來自經濟系的李同學。後來，這位申同學考取了清華大學的研究生，和經濟系的李同學一直保持了二十多年的友誼。在以後的工作中，申同學在商界，李同學在政界，並且都同屬於金融行業，因此他們常有溝通，互有幫助。他們

這種健康的人際交往和人脈關係,為彼此的事業發展打下了很好的基礎。這說明大學時結交的志趣相投的朋友對未來職業和事業的發展有著重要影響。

經營健康的人際關係是正當的、有價值的行為。從大學時代開始嘗試建立自己的人際關係,是一個有抱負的大學生需要做的事。在本書後面,老徐會談到新東方教育集團創辦人俞敏洪和人交往的故事。他讀大學時,週末就到徐小平老師家裡去端茶倒水,聽一幫老師高談闊論。這個細節說明,俞敏洪的成功不是偶然的。

是否參加社團活動、擔任學生會幹部

在大學,面臨一個選擇,就是在大學期間,是否該去競聘學生會幹部?我們知道,在大學裡,有校團委、學生會,每個學院也有院分團委和學生會。校團委書記由學校黨委任命,院團委書記由學院任命。通常團委書記是由學校管理系列的員工擔任的。除了團委書記的職位是由老師擔任外,學校和學院團委、學生會的職務大多由學生擔任。在本科學校中,一般從大一新生進校開始,團委、學生會和社團就有招新活動。這些新人在團支部、學生會和社團擔任干事,到了大二就可以擔當學院學生會或社團的部長等,大三就可能擔任學院學生會主席、副主席之類的職務,一般做到大四就離任。

社會上對大學生進入團委、學生會當學生幹部有不同的看

法。就老徐的觀察及和學生的溝通交流來看，我認為在大學期間擔任團委、學生會幹部及社團負責人，對個人來說是一把雙刃劍。

擔任學團幹部等，首先培養的應該是奉獻精神，並且，在協助策劃和舉辦大型活動等工作中，個人的溝通協調能力可以得到很好的鍛煉。有時候，在大型活動中，學生會幹部可以做主持人，這對一個人在公眾面前的表達能力是非常好的鍛煉，這些活動還能讓你更注重儀容儀表、言談舉止等。老徐所在的學院曾經的一位學生會主席，在擔任學院創業論壇的主持人時，舉止得體、語言表達清晰，給我留下了深刻印象。同學們做這些事可以使能力得到鍛煉，是很有價值的。學生會幹部要把活動組織好，溝通能力、協調能力是必不可少的。

擔任學團幹部還可以鍛煉自己與人交往的能力，建立屬於自己的人脈。正因為這樣，我們看到，不少在政壇、商界的活躍人物，在大學時期都有擔任學團幹部的經歷。在老徐身邊的朋友中，做水果連鎖經營的果琳品牌創辦人秦先生，曾經就讀於一所專科學校，在讀書期間就擔任過學生會幹部，並且因此得到了鍛煉。一些企業招聘員工時，應屆畢業生若有這種經歷，也會在一定程度上增加錄用機會。當然，擔任學生會幹部，會耽誤不少學習時間，這就需要自己做好時間管理。據老徐觀察，大部分學生會幹部，在學習和工作兩者的平衡上都處理得不錯。

不過，還是有人對擔任學團幹部有負面看法。有人認為，大學的學生會是個大染缸，甚至會讓一些學生產生投機鑽營的

意識。的確有少數學團幹部，存在一些行為上的偏差，如巴結和討好學院分管學生工作的領導，而對下面的幹事同學頤指氣使等。曾經有少數團委系列的幹部，講輩分，講酒場文化，甚至形成「傳統」，不過現在這種校園「官場文化」被逐步遏制。

老徐認為，大學生是否擔任學生會幹部，要根據你自己的實際情況而定。如果做得好，是一個鍛鍊能力的好機會，但需要分配好學習和工作的時間和精力。

♯延伸閱讀♯ 大學生的自我設計是一個漸進的過程——和小汪同學聊天小記

2017年春，利用到杭州出差的機會，老徐和浙江理工大學紡織設計專業即將畢業的研究生小汪，在杭州新白鹿餐廳小聚，一起聊了兩個小時。小汪是典型的湘妹子，那幾天正好要參加研究生畢業答辯，已經簽約留在杭州發展，對未來充滿希冀。

小汪告訴我，剛考入大學時，她懵裡懵懂，也不知道未來該幹什麼，內心有些迷茫。她所學的專業是產品設計，經過一兩年的學習，慢慢對專業和就業方向有所瞭解，知道畢業後，自己很可能就是在公司畫草圖、建模……其實國內的工業設計行業的發展現狀並不是特別樂觀。很多業內人士認為，國內企業的很多產品都是參考國外較為成熟的產品進行設計，然後生產的。究其原因，小汪認為，國內企業如果自己研發產品費時費力，加上難以找到消費者的偏好，設計出來的產品消費者還

不一定買單；若直接參考國外成熟的產品很容易給企業帶來較好的經濟效益。在這種環境下，產品設計師在國內並不受人重視，收入也很一般。設計一件好的產品，並不像平常人想像的那樣容易；更重要的是，經過幾年的學習，小汪覺得自己不太喜歡產品設計，也找不到自己喜歡的東西，找不到自己想要努力的方向。這就是小汪進入學校一段時間後，內心真實的茫然感。

後來隨著學習的慣性，小汪通過自己的努力，考取了本校研究生。在研究生學習階段，小汪慢慢地厘清了未來生活的一些思路，也找到了一些自己的興趣，希望在專業相關的領域進行拓展。小汪在本科學習階段，就接觸到一些視覺設計方面的知識，比如版式設計等；在研究生學習期間，很多課程是和視覺設計班級的同學一起上的，課餘時間還會去參加相關講座、看展會、與已經工作的同學交流。漸漸地小汪覺察到自己喜歡上了視覺設計這方面的東西，並開始動手做一些新的東西，比如做手工皮具、羊毛氈等。她還給自己做的東西寫一些小故事，似乎這樣這些小家伙就會在另一個世界裡活起來，就像迪士尼樂園的唐老鴨和米老鼠一樣。

雖然家人希望小汪回湖南長沙，但是小汪自己決定留在杭州發展，畢竟杭州是東部經濟發達地區的大城市，機會更多一些。目前小汪已經簽約了一家國企，雖然起薪並不高，但這一崗位會有較多的空餘時間，方便做一些自己喜歡的事。小汪喜歡畫插畫，希望利用空餘時間提高自己的插畫水平，然後去給

一些書籍配插畫；還可以多做一點手工，這樣在孤獨的時候，可以有它們陪伴。她覺得將自己的愛好做到極致，那錢自然而然就會跟著來了。

小汪希望，兩三年之後，能夠有首付買個小房子，有一個屬於自己的小家。

老徐點評： 在我看來，小汪就是一位普普通通的學生，剛進大學時，和多數同學一樣，感覺比較迷茫，雖然對未來看得不太清楚，但還是堅持學習，考上了本專業的研究生。在讀研究生期間，她才逐步看清自己的興趣所在，並為自己設定了未來的發展方向。小汪希望工作之餘，能夠通過做自己喜歡做並擅長做的事，為自己增加收入。這種自我設計比較務實。其實，用一句當下比較時髦的話說，小汪就是現代社會的「斜槓青年」（Slash），具有多重身分、多重收入。

大學生的自我認知是一個緩慢而漸進的過程。小汪對未來沒有所謂宏大理想，就做一個普普通通的鄰家女孩也不錯呀！每一個人都有自己的興趣，若能夠做自己願意做的事，不厭倦自己的工作，就是一種非常好的生活狀態！一個青年，雖沒有宏大理想，但是對得起自己和家人，同時也是對社會有用的人。這就是人生最好的選擇！

讀大學，
如何真正學會讀書

　　讀書的目的，就是把書本知識轉化為你自己的能力。多看書，看不同的書，用不同的方式「咀嚼」和「消化」書，才能強壯你的大腦！

—— 大偉

　　記得 27 年前，我遇見一名重慶大學管理專業的本科畢業生。屬於「985」高校的重慶大學，以前是一所以工科為背景的大學，當時全校的本科專業幾乎都是理工科專業。她告訴我說，1986 年她考入了這所大學的管理專業。這個專業是學校當時收分最高的專業，因為當時正遇上「管理熱」；而在大學四年期間，這個專業在以理工科為背景的學校裡是學習最輕鬆的專業；畢業時，在全校所有專業中，這個專業的學生是感覺最迷茫的，

不知道自己能夠做什麼。這就是這位畢業生所說的「三最專業」：入學分最高，學習最輕鬆，畢業最迷茫。

若以高考成績論學習素質的話，當時讀管理專業的學生應該都是很優秀的，並且重慶大學的確是一所好大學，但為什麼會出現這種「三最專業」？問題出在哪裡？其實，這不只是這所大學的學生的問題，還可能是所有大學生都會面臨的問題。老徐認為，這是因為一些管理專業的學生沒有正確認識到管理類專業該怎麼去學，沒有找到合適的學習方法。

難道同學們上了這麼多年的學，讀了這麼多年的書，還沒有真正學會「讀書」嗎？老徐和大家一起聊一聊，我們該如何學習。

若認為大學中的人文及經管等專業學習很輕鬆，那是沒有學會讀書

這些年來，不少學生，特別是女生，都願意報考經濟管理類專業，覺得讀這些專業，比讀工科的學習壓力小。在大學選課的時候，都選容易過關的課來修，例如信息管理與信息系統專業的學生，女生特別不願意選偏重技術類的課程，怕考試通不過。

大學生也是人，在做專業選擇時趨利避害，是人的天性，所以同學們抱有這樣的想法，是可以理解的。不過，要知道，**任何東西，若很容易就能得到，一定是沒有過高的價值的。**如

果大學的某個專業，大家學習起來都很容易，很可能你在這個專業就沒有學到什麼東西；若學一門課程，考試前隨意地看看書就通過了，這門課程對你也沒有太大的用處。

就目前國內高校的管理模式和現狀而言，考入大學的學生，只要不是特別過分地「放縱」自己，平時馬馬虎虎，考試前衝刺一下，一般都能通過考試。但你抱著這樣的態度讀大學，就是在「假裝」讀大學，多半就是拿個文憑罷了，在未來的職場中，是缺乏競爭力的。

不少同學以為經濟管理類專業比理工科專業容易學，若你也抱著這樣的想法，就錯了。其實，一個人要獲得某種知識、具備某種能力，需要有目的地訓練和學習，**在學習中要走出「舒適區」，要有艱苦訓練的過程**，否則，你就是花再多的時間，也無法真正獲得這種能力並在相應領域成為專家。

以管理類專業本科生必修的管理學為例，絕大部分同學考試都能通過。不過，老徐覺得多數同學雖學過這門課，但學習效果並不好。老徐曾經給本科生上過一次這門課，用的是浙江大學邢以群教授編寫的教材。看得出來，邢以群教授編著這本教材還是很用心的，該教材由邢教授獨自一人撰寫，體現了他個人的一些學術思想和見解，編寫的案例和同學們的學習生活息息相關。但是，到期末的時候，大多數同學的教材都是嶄新的，說明同學們基本上都沒有讀過教材。要到期末的時候，不少同學就催促老師講考試重點，所謂重點一劃，考試一過，就完事了。老徐在同學們學過這門課程一年之後，問同學們「管

理的首要職能是什麼」？多數同學並不知道「計劃」是管理的首要職能，也無法把該門課程的課程體系清晰地描述出來。雖然說，一門課程學過之後，經過一段時間，有一個自然遺忘的過程，但是，以通過考試為目的的學習，是一個失敗的學習。老徐認為，學習了一門課程後，總需要留下點什麼，除了記住的點滴知識，還有思維方式的拓展、看問題的視角、思辨的能力。這些課程學習之後沉澱下來的東西才是最重要的、最有價值的東西。

在我看來，學習管理學，首先一定要把教材通讀一兩遍，至於閱讀教材的速度，你需要自己把握。總之，在你內心中，要建立一個教材和課程的總體輪廓。在此基礎上，推薦大家把斯蒂芬·羅賓斯（Stephen P. Robbins）的管理學經典教材從圖書館借來閱讀，英語好的同學可以去讀一讀原版教材。除了閱讀之外，最好組建幾人的學習小組，對邢以群編著的教材中的部分案例展開討論，分享各自的看法和體會，整理討論記錄；學習過程中需要寫讀書筆記，把一些自己覺得有價值的觀點，自己感覺重要的內容，歸納整理為個性化的電子文檔，並存儲在類似「印象筆記」那樣的雲筆記中，成為自己的知識庫；能夠在學習小組中，有能力把自己知識庫中的內容清晰地講述出來。

管理類知識體現為一種隱性知識，而隱性知識的特點難以用語言文字準確表述。從某種意義上說，要很好地領悟這些知識體系，還需要一定的社會閱歷和工作積澱。而同學們身處校

園中，學習這些知識時，可以嘗試用自己所學的知識對國內外的一些典型的企業組織的管理實務，進行評述。這些評述雖顯稚嫩，但敢於去做，敢於表達自己的觀點，也是梳理自己知識和訓練自己思維的過程。這樣的環節非常重要。

你若用這種方式去學習，所花費的精力和時間，可能是應付考試的學習方式的數倍。你這樣去做了，而別人沒有這樣去做，你學到的知識和領悟到的東西肯定就比別人更多。而且，按照這樣的方式去學習，你得擠出時間去完成相應的學習任務。當你真正這樣學習時，你還會覺得在大學裡，讀經濟管理、人文等專業很輕鬆嗎？

既要讀「有用的書」，也要讀「無用的書」

在大學學習階段，特別要學會「讀書」，培養閱讀的能力。因為，進入大學才是你開始真正讀書的時候！

中學時代似乎一切都是以應試為目的的，大多數的閱讀都是為考試做準備。哪怕是看一些人文社科方面的書，想到的都是這些內容對自己語文的作文考試有沒有幫助，有什麼素材可以利用。不少同學中學時代的閱讀，更功利一些，所以並不是真正的閱讀。

而進入大學之後，你可以自由地閱讀，可以不帶功利心地閱讀，盡情享受閱讀的快樂。可以說，進入大學，大家才開啓了真正的閱讀模式！大學生是所謂「讀書人」，不讀書，怎麼能

稱為讀書人？

有一種讀書，是純粹的消遣。在我的大學時代，就有不少同學對金庸的武俠小說非常痴迷，為了金庸筆下人物的跌宕起伏的故事廢寢忘食。這種消遣式的閱讀就是一種娛樂，和現在年輕朋友玩網絡游戲，本質上沒有太大的區別。在大學裡讀一讀這樣的書未嘗不可，畢竟一個人的一生，總要去嘗試各種不同的事，不是所有你要做的事，都需要有「意義」。偶爾消遣式地讀書，過一下癮，也是可以的；不過，要學會克制自己，約束自己，如果在這上面花過多的時間，以後的人生經歷就會證明這是不值得的。

所以，老徐在這裡所談的在大學期間讀書，不是純消遣式的閱讀，主要指「學習式的讀書」。這樣的讀書方式分為兩類：一類讀書方式是「讀有用的書」。讀這類書，就是讀專業的書，讀增加技能的書。另外一類讀書方式是「讀無用的書」。雖在專業學習上看起來「無用」，但是讀這樣的書，能增加自己思想的「厚度」。

讀專業的書，讀增加自己技能的書，算是讀「有用的書」。所謂讀專業的書，就如前面談到的在課程學習中，把和課程相關的書、經典的書都借來讀一讀，並做好讀書筆記。這是學習的正途。讀增加技能的書，包括閱讀各種資格考試的書、理財的書等。讀這些書是為了自己增加生存技能。例如，經濟管理類專業的同學為考證券從業資格、基金從業資格、註冊會計師資格等所讀的書，就是增加自己技能的書。畢竟，我們在社會

上生存要靠自己，根據自己的具體情況，有選擇地讀一些有用的書，為自己未來的職場競爭增加籌碼，是讀「有用的書」的目的。

大學生的閱讀面要拓展，在大學階段讀一些看似「無用的書」，不帶目的地去看一些書，能夠靜下心來讀一讀這些書，是非常有必要的。為什麼在大學階段，需要不帶功利心地閱讀，不帶功利心地學習？因為這才是真正的「讀書人」，才是真正的「讀大學」。

為什麼要讀這些可能暫時無用的書？舉例來說，老徐建議同學們要抽時間讀一讀勒龐撰寫的《烏合之眾》這樣的「閒書」。這是分析大眾心理的一本經典讀物，是一個世紀前出版的一本書，被再版了幾十次。在高校中，除了一部分人文學科的學生外，無論是理工科，還是經濟管理學科的同學，讀這樣的書，就算是在讀「無用的書」。因為讀這樣的書，可能對你的課程學習和考試沒啥幫助，對你就業也沒有什麼價值，但是在未來的某個時候，讀書的人和不讀書的人，差別就體現出來了。假設你今後從事證券股票投資，在二級市場搏殺中，你想勝出，你想賺快錢，你可能會讀《炒股秘籍》《如何抄底和逃頂》，但是你往往發不了財；也許你讀一讀《烏合之眾》效果更好，因為它講的道理會為你規避很多陷阱。

在老徐看來，這就是多讀書、讀閒書的價值。有些知識在學習的時候，看似無用，但能夠讓你的思想變得「厚重」。蘋果公司的史蒂夫・喬布斯曾說，在大學裡，你的激情將會創造出

很多個「點」,以後在生活中你會把這些點聯結在一起。所以,不必過多擔憂你將來會做什麼樣的工作,不要太現實。如果你喜歡法語或韓語,就去學,即使別人對你說學這些沒用。盡情採集你的那些「點」,要堅信有一天,你會找到你自己的有意義的事業,你會把那些點串連成美麗的曲線。(Steve Jobs said, when you are in college, your passion will create many dots, and later in your life you will connect them. So, don't worry too much about what job you will have, don't be too practical. If you like French or Korean, study it even if someone else tells you that it's not useful. Enjoy picking your「dots」. Be assured that one day, you will find your own meaningful career, and you will connect a beautiful curve through those dots.)

人的一生,雖然有七八十年的光陰,但我們細算一下,真正看書的時間又有多少呢?在中小學時期,同學們雖然花費了最多的時間來學習,但是絕大多數時間都是在看教科書和各種學習輔導書,還有各種各樣的考試和永遠做不完的題伴隨著你。雖然還是有不少同學能夠抽出時間看一些自己喜歡的書,但畢竟是少數。踏入社會後,不少職場人士,每天花在上下班路上的時間,可能都有兩三個小時,還有各種各樣的工作應酬、經常性的加班,能夠擠出的看書時間也不多,擠出來的也是碎片化的時間,真正有時間、有精力看書的人不多。成家立業、結婚生子、孩子撫育等,多任務、多目標的工作和生活使我們應接不暇,要靜下心來好好讀書,還真是有點奢侈。

而在大學時期，你的核心目標就是學習，沒有嚴酷的圍繞高考的應試壓力，沒有在職場打拼的應酬的壓力。無論你是來自城市或者鄉村，絕大多數同學都能夠得到家庭的資助，完成學業。除了讀書學習，你沒有別的緊要任務要去完成，因此大學這幾年，你可以心無旁騖地閱讀。這段時間，是你人生中，能夠專心讀書的最佳時間，是你真正讀書的黃金時間！好好珍惜這段時光吧！

採取多層次的閱讀方式，提高閱讀效率

面對浩如菸海的圖書，我們該怎樣去讀書？這包括兩方面的話題，一是如何有效率地讀書，二是該選擇哪方面的書來讀。

如何有效率地讀書？讀書是要有所獲的，**我們通過讀書，把書本上的知識轉化為自己的知識；通過有思考地閱讀，把書中的觀點吸收為自己的認知；通過閱讀，建立自己的知識架構，把知識固化到自己的思想體系中。**在一定的場合和一定的群體中，你把通過讀書累積的知識輸出了，就展現出了自己的能力。

要達到這樣的閱讀效果，讀書一定要講究方法。老徐推薦同學們閱讀莫提默・J. 艾德勒和查爾斯・範多倫所著的《如何閱讀一本書》(*How to read a book*)。這本書對於人文類專業的同學來說更有必要讀一讀，因為書中還推薦了大量的經典人文類著作。即使不是人文類專業的學生，書中展示的四種閱讀層次，也是值得我們學習和借鑑的。同學們要逐步學會這種多層

次的閱讀方式。

第一個閱讀層次是「基礎閱讀」。所謂「基礎閱讀」就是我們傳統意義上的閱讀方式，只要能夠認識文字，就可以閱讀相應的書籍。大學生應該都具備這樣的閱讀能力，只要你花時間讀書，讀你喜歡讀的書就行了。不過，目前我們很多人可能都停留在這樣的閱讀層次上，有的人還達不到這個層次。同學們，你簡單地觀察一下你自己和你周邊的同學吧，到期末的時候，不少同學的教材還是嶄新的。如果連教科書都不看，說明不少同學平時都不怎麼讀書。

第二個閱讀層次是「泛讀」。第三個層次的閱讀是「精讀」。這兩種閱讀方式是我們需要重點掌握的閱讀方式。在「泛讀」或「精讀」之前，我們需要通過讀書名、副標題、目錄、序言和摘要介紹等，大致瞭解這本書是一本什麼類別的書，從而決定你的閱讀方式。通常，對於我們要閱讀的多數書籍來說，都可採取泛讀的方式。當然，若在閱讀中，發現了「瑰寶」，你也可以轉變閱讀方式，靜下心來，好好地品味這本書。

我們通常說的「泛讀」，在艾德勒的書中，被歸為第二個閱讀層次。他稱其為「檢視閱讀」，其實就是「略讀」（skim），或是「粗讀」（pre-read）。用這種閱讀方式可以快速地大致瞭解書中講述的內容。因為對每一個人來說，時間資源都是有限的，而我們可以看到的書籍可謂汗牛充棟，所以這種「略讀」的能力就一定要具備。對於自己不瞭解的一些領域，並且自己今後可能並不會涉及這個領域，粗略閱讀這個領域的一些書籍，能

夠大致瞭解這個領域的概況，對擴大我們的知識面是有益的。即使是在自己需要掌握的領域內，你的精力可能也只夠專注閱讀一些經典的著作，而對一些類似的著作，就只能略讀了。

「精讀」在艾德勒的書中，被歸為第三個閱讀層次。他稱之為「分析閱讀」。閱讀者先通過略讀瞭解這本書的全貌，判斷作者寫作的「主旨」，評判作者想表達什麼。在瞭解作者「意圖」的基礎上，再帶著「思考」的大腦去閱讀，就是精讀。我們在精讀的過程中，要整理所讀的書的重點，並做好讀書筆記。

艾德勒發現，當「要求讀者說出一本書的重點時，大多數人都會一臉茫然。一個原因是今天的人們普遍不會用簡要的語言表達自己；另外一個原因，則是他們忽視了閱讀的一條規則」，就是要學會「用一小段文字敘述整本書的內容」。把書上的內容用自己的語言或文字描述出來的過程，就是對書進行「咀嚼」的過程。我們只有慢慢「咀嚼」書，才能把書「消化」，才能使其中的內容變成對你有「營養」價值的東西。

一個人，如果想要在某個領域發展，就需要把自己修煉成這個領域的「專家」。同學們要打造自己的核心競爭力，就要把時間、精力、注意力都花在這個領域上。這就需要進入閱讀的第四個層次「主題閱讀」。所謂「主題閱讀」，就是根據你設定的要學習或研究的某個主題，把和這個主題緊密相關的一類書都搜尋到，把時間和精力聚焦到這個主題上，進行深入閱讀。這樣，你就可能對這一主題下的相關知識理解得非常深刻，成為「專家」。

在同一主題、同一細分領域的同類書中，既有大家公認的經典著作，也有不出名的作品；名家的書要讀，默默無聞的作者寫的書也可能有閃光的思想。因此，在所讀的同類書中，你還要根據不同的書的不同價值，進行第二層次或第三層次的閱讀，即泛讀或精讀。只有這樣，你的閱讀效率才高。

如前所述，讀書，既需要讀增加知識技能的書，也要閱讀能增加自己「人生厚度」的書，這是大學的必修課。廣泛閱讀這樣的書，才是在「真正讀大學」，而不是「假裝讀大學」！我們要逐步培養自己分層次閱讀的能力，因為書是讀不完的，你要有所選擇，而且要根據不同情況，選擇泛讀、精讀或主題閱讀的方式。特別是到了要畢業的那一年，一定要根據自己對未來的設計和個人的發展方向，在某些細分領域進行「主題閱讀」，爭取成為「專家」，提高求職競爭力。

對於大學生們來說，該選擇讀哪方面的書，是一個宏大的問題，也可以說是老徐自己都難以回答的問題。因為讀哪些類別的書，或者具體讀哪些書，既和你學的專業息息相關，也和你個人志趣和愛好有關，無法一概而論。選擇讀哪些書，是非常個性化的事，需要自己的獨立思考和判斷。老徐不能代替每一個人的大腦去做取捨，因為同一本書，對不同的人的價值是不同的。不過，我還是試著給大家一點閱讀建議。

♯延伸閱讀♯ 無論學什麼專業，
都要閱讀一點人文方面的書

雖然，讀書是比較個性化的事，不過，老徐還是堅持一些原則性的看法，即不管你在大學是哪個專業的學生，也不管你的興趣愛好是什麼，都應該讀一點人文方面的書。這樣才能拓寬你的視野，幫助你獲得知識，增加智慧。讀一些人文方面的書，能使你懷著悲憫之心看待這個世界，去愛這個世界！

中國現任領導人習近平曾經說，自己在青年時代就讀過《聯邦黨人文集》和托馬斯‧潘恩的《常識》等著作。2014年2月，習近平總書記在接受俄羅斯電視臺採訪時說：「對我來說，問題在於我個人的時間都去哪兒了？當然是都被工作占去了。現在，我經常能做到的是讀書，讀書已成了我的一種生活方式。**讀書可以讓人保持思想活力，讓人得到智慧啟發，讓人滋養浩然之氣。**」這也印證了年輕人要多讀書的道理。

正如前面所說，讀書是比較個性化的事，每一個人選擇讀什麼書都應該有自己的判斷。在這個世界上，好書真不少，給別人推薦書難免掛一漏萬。任何人推薦書，都是基於自己的閱讀經驗，把閱讀中感受到的精彩和有價值的思想分享和推薦給大家。

老徐列舉幾本書，建議你讀一讀，對理解這個世界是有好處的。下面對這幾本書做一個簡要的介紹。當然，老徐的閱讀

範圍是有限的，這裡推薦的幾本書也許並不是你覺得最有價值的書，只是希望提供參考，打開你的閱讀視野。若需要更多的書籍推薦，請關注公眾號「不要假裝讀大學」。

【老徐薦書】

《如何閱讀一本書》（莫提默·J. 艾德勒、查爾斯·範多倫，商務印書館出版）

莫提默·J. 艾德勒（1902—2001），以學者、教育家、編輯人等多重身分享譽盛名；查爾斯·範多倫（1926—　），曾任美國哥倫比亞大學教授。

這本書是關於書籍閱讀的指南，介紹了閱讀的方法、技巧，閱讀所應具備的廣闊視野，自 1948 年問世以來，在西方世界好評甚多，再版多次，是一本指導人們如何閱讀的名作。國內從 2004 年出版翻譯版之後，立即成為暢銷書。該書展示的四種閱讀層次，對指導大學生閱讀有較大幫助。老徐在前面已有所介紹。

《常識》（托馬斯·潘恩，上海譯文出版社出版）

托馬斯·潘恩（1737—1809），是英裔美國思想家、作家、政治活動家、理論家、革命家、激進民主主義者，被視為美國開國元勛之一。他撰寫的這本廣為流傳的小冊子，在當時極大地鼓舞了北美民眾爭取獨立的鬥志。

這本書的內容按照現在的觀點可能就是「常識」。在美國獨立戰爭時，該書所具有的震撼人心的作用是巨大的，它就是促

使美國從英國獨立出來的思想引領。該書的出版揭露了當時英國的壓迫本質，極大地鼓舞了人們謀求獨立的勇氣。該書入選「改變美國的 20 本書」，是一本值得當代青年閱讀的經典名著。

《民主的細節》（劉瑜，上海三聯書店出版）

劉瑜（1975— ），是哥倫比亞大學政治學博士、哈佛大學費正清東亞研究中心博士後，曾經在劍橋大學政治系擔任講師，目前任教於清華大學人文社科學院。

當當網的資料介紹說：「如果有誰能把政治問題變成老少咸宜的八卦貼，除了北京的哥，就數可愛的劉瑜。這位長在紅旗下，求學美利堅，混跡大論壇，熱愛豬頭肉的女博士，憑藉大眾的視角和精英的頭腦將民主社會大卸八塊、煎炒烹炸，製作出了一道道適合中國人的胃又滋潤中國人的心的時政佳品。」老徐覺得，這本書淺顯易懂、詼諧幽默，能夠幫助同學們更好地認識當今世界最有影響力的國家。

《烏合之眾》（古斯塔夫・勒龐，中央編譯出版社出版）

勒龐（1841—1931），是法國著名社會心理學家，以研究大眾心理特徵著稱。作者認為，在工業時代巨變的基礎上，現代生活逐漸以群體的聚合為特徵。

這本書極為準確地描述了集體心態，對人們理解集體行為的作用及對社會心理學的思考產生了巨大影響。該書是一本當之無愧的名著，具有深遠的影響，是群體行為研究者不可不讀

的文獻。該書是廣東省委推薦給各級領導幹部 12 本必讀書之一。

《金融的邏輯 1》（陳志武，西北大學出版社出版）

陳志武（1962—　），是著名華裔經濟學家、耶魯大學終身教授，專業領域為金融及宏觀經濟。陳志武 1983 年獲中南工業大學理學學士學位，1986 年獲國防科技大學碩士學位，1990 年獲美國耶魯大學金融學博士學位。

陳志武在這本書中探討金融發展和市場發展對文化和社會的影響。作者為西方金融的發展正本清源，追溯財富基因，解讀資本密碼，剖析金融危機，廓清陰謀迷霧。當當網上的評價認為，作者創造性地把金融作為「大社會」中的一分子，並且從這個角度去研究金融，用儒家文化對金融進行反思，直言市場經濟是個人解放的必由之路，大力發展金融是中國的正確道路。老徐認為，同學們讀一讀這本書，能更好地認識和理解經濟、金融和社會財富的形成。

PART2
情商和習慣

智商決定一個人的分數！
情商決定一個人的命運！
習慣決定你是否卓越！

中學階段的學習拼的是你的智商和學習習慣；
大學階段的學習拼的是你的悟性、情商和人生視野！

和人融洽相處有點難

校園裡不是只有塑料花般的友誼，一定還有真誠的朋友！

要交真誠的朋友，就要學會換位思考，從對方的角度看問題，這樣才更容易得到別人的認可。

以「銷售」的思維處理人際關係，學會「銷售」自己，世界都是你的！

——大偉

能否和他人融洽相處，表現了一個人的人際溝通能力和為人處世之道。全球知名的人際關係大師戴爾·卡耐基曾經說過，「一個人事業上的成功，15％是由於他的專業技術，另外85％要依靠人際關係、處世技巧」。

人際關係能力是非常重要的能力，這種能力是逐步建立起

來的。讀大學時，同學們就要鍛煉自己這方面的能力。

在校園裡，同學之間融洽相處還真不容易，有同學戲稱在校園裡只能維繫塑料花般的友誼。這是同學們溝通能力欠缺造成的。一個人如果溝通能力不足，一旦走向社會，就會面臨很多困擾。因此，在大學階段，同學們就要逐步有意識地提升自己的溝通能力。

人是活在群體中的，人和人交往的溝通能力，指一個人與他人有效地進行信息傳遞的能力。有的人善於和別人溝通，也會用恰當的方式表達自己的需要和訴求；而有的人在這方面顯得有些笨拙。表面上看，溝通能力似乎就是一種能說會道的能力，實際上它體現了一個人的綜合素質，良好的溝通能夠讓對方認可和接納自己，從而達到人際和諧和解決問題的效果。

通常，人和人之間的交往，兩人之間一對一地進行交流是沒有太大問題的，不過這需要很多技巧。會說話的人，既能表述自己的想法、訴求，同時也能顧及對方的感受，使其願意接受你的觀點。這種一對一的交流，不僅要學會把話說得讓對方聽起來很舒服，也要學會換位思考，從對方的角度考慮問題。這些技巧需要長期的修煉才可能形成。

同學們在校園裡，在日常學習和生活中，很需要這樣的溝通能力。在同一寢室裡，不同的人的生活習慣是有差異的，有人希望早睡，有人要晚睡，生活步調不同；衛生間是共用的，就存在清潔衛生誰來打掃等問題。解決這些問題就需要同一寢室的室友彼此謙讓、和睦相處。當室友的行為影響到你的時候，

要適時地表達對別人的要求，這種分寸的拿捏，要通過恰當的語言交流來完成。同班同學要共同進行幾年的學習，肯定會經常碰到各種事情，其中不乏與自身利益息息相關的事情。例如，在爭取獎學金的申請時，你要恰當地表達自己的觀點、訴求和優勢。在你走向社會之後，語言表達和溝通的能力更加重要。因此在大學時代，有意識地逐步培養自己這方面的能力是必要的。

目前在校的大學生，獨生子女居多，獨生子女從小到大，都是在家人的關愛中長大的，同時，由於成長環境中，身邊沒有兄弟姊妹，缺乏和他人相處的經驗，客觀上容易導致人際相處能力的缺失。但只要我們有改變自己的決心和動力，有提升自己溝通表達能力的願望，就能在這方面得到提升。老徐建議從以下幾個方面著手進行。

牢記一個原則：與人為善，吃虧是福

不是談表達和溝通能力嗎？「與人為善，吃虧是福」與表達和溝通能力有什麼關係呢？老徐認為，表達和溝通能力是技巧層面的東西，「與人為善，吃虧是福」是格局層面的東西，格局層面的東西一定高於技巧層面的東西。

一個人在格局上高一個層次，做事情的方式、為人處世的態度都不一樣。缺乏格局、工於心計，就是有再多的表達和溝

通技巧，也難以真正得到別人的認可，難以真正達到自己的目的。

中國有句古話「路遙知馬力，日久見人心」，講的就是這個道理。表達和溝通技巧，在人和人之間最初的交往中比較有效果，要長久相處，為人是否真誠更為重要。你做到「與人為善」，時間長了，別人是能夠感受到的。為人善良的人，很容易消除他人對你的戒心。所謂「吃虧是福」，就如人們常說的「吃得虧，打得堆」。願意吃虧的人不會斤斤計較，別人才願意和你交往，太精明的人反而缺少朋友，就是這個道理。

記得，有做生意的朋友這樣說過，一個人要掙大錢，就不要把錢看得太重。中國的古話說得好「財散則人聚，財聚則人散」，就是這個道理；以前，做生意的人說「三分利吃飽飯，七分利餓死人」，也是這個道理。

所以，我希望同學們進了大學，和同學相處時，大方一點，大度一點，這樣才有朋友，才能夠和同學遊刃有餘地相處。

即使你要提出不同的想法和意見，也要先肯定對方

人都有一個弱點，都喜歡聽好聽的話，人性如此。雖然我們說要做到「從善如流」，那是要修煉到一定境界才能做到的。任何人聽到別人說奉承的話，哪怕是假的，都會覺得很舒服。所以說，現實中，在領導面前溜鬚拍馬的人，特別是善於恰如

其分地「拍馬屁」的人，容易得到重用，因為領導也是人，是人都有人的弱點。

對年輕的大學生，老徐在這裡不是要你學會「阿諛奉承」，但一定要學會「好好說話」。在和老師、同學的交往中，以及在未來的職場上，你需要表達自己的觀點和看法，你要堅持自己的原則，但在交流中切忌張口就說「你這樣不對」「我不同意你的看法」等。這樣做的後果就是，別人一定不會同意你的看法。怎麼做呢？你說話一定要委婉一點。首先一定要先肯定對方，發掘對方觀點中閃光的一面。你可以這樣說「你這個想法挺不錯」「我發現你分析得較全面」，把這些誇獎的話說過之後，再說「不過，按照你這個思路，其實還可以……」「你的想法好是好，不過首先需要……」這樣說對方就比較容易接受你的觀點了。

今後走向職場，除非你有非常強勢的話語權，否則你一定要用這種委婉的方式表達你的觀點。而且老徐認為，即使你有非常強勢的話語權，也需要你用柔和的方式去表達。若作為一名管理者，就要善於建立和使用自己的「軟權力」，最高的境界是「不言自威」，不過這是後話。

學會從對方的角度看問題

當你有訴求的時候，你可以嘗試著表達。在大學求學階段，最常見的訴求就是某門課程考試不及格，你希望老師高抬貴手。

首先，老徐要說明，絕大多數老師都是堅持原則的，而且學生所得到的分數就是平時成績和卷面成績按照一定的比例確定的。不過，不管是評閱試卷，還是確定平時成績，都是人在評，而不是機器在操作。教師在堅持基本原則的前提下，肯定有些細微的主觀因素，這是不可避免的事實。

如果因為某些原因，某門課程考試不夠理想，甚至可能不及格，你肯定希望找老師通融通融，那你該怎麼去溝通呢？裝可憐有沒有用？我認為基本上沒有什麼用。還有，你學社會上的一套，採用送禮或別的物質手段有沒有用呢？老徐認為絕大多數老師是不吃這一套的。

遇到這樣的情況，你要學會從老師的角度看這個問題。老師希望什麼？老師喜歡什麼？老徐認為，作為一名任課老師，自己最希望的是勞動得到認可，教學得到重視，人格得到尊重。平時，課間多和老師聊幾句，時不時幫老師擦擦黑板，課堂上有問題就及時請教老師，給老師留下一個好印象是上策。真遇到自己考試發揮失常的時候，找機會向老師表達自己的擔憂，以及這門課的成績對自己的重要性，設想今後如何提高自己的學習成績等。如果這些都做到了，你說，老師會不會有希望你及格的想法？當然，這個例子適合文史類主觀性比較強的課程。最根本的方法，還是努力學習，避免這樣的情況出現。

我們可以把人和人的溝通過程理解為「銷售」的過程，你要讓別人接受你的觀點，就是「銷售」自己的思想，你要銷售成功，先要讓別人認可你。銷售，就是讓你學會從對方的角度

看問題，別人不會因為可憐你而買你的東西，別人認可你，認可你提供的產品的價值才會買單。

曾經有一位網友談到「銷售」這個問題時說：「別人可不會因為你哭就買你的東西。即使你降價了，顧客也要比來比去；你讓利了，他還要懷疑你做假；你憤怒，他就走人；你說你的苦處，他認為你在裝可憐。所以，商業社會需要的是實力。是你理解顧客，是你拋開自己，全心全意地為顧客著想。甚至，我們還要掏錢去購買顧客的抱怨。如果有這種經歷，批評會給你帶來喜悅之情。批評你的都是幫助你前進的朋友。」這段話是10多年前，一位網友發表的感悟。老徐把這段話一直保存在自己的電子資料文件夾中。

以「銷售」的思維來看待人際交流問題，就是讓你從對方的角度思考問題，你能夠為對方提供什麼樣的價值？你用什麼東西打動對方？這些都很重要。舉個例子，到理髮店理髮或到健身房運動，多去兩次，店裡的有些員工就死纏爛打，希望顧客辦卡或續卡，向顧客訴說自己業績差，希望能幫幫忙。其實，這些員工的推銷行為是比較愚蠢的。顧客為什麼要可憐你？你不能找到客戶的需求點，為客戶提供價值，別人為什麼要買單？

作為大學生的我們，要學會從對方的角度看問題，學會「銷售」的精髓，真正的核心點是為對方提供價值。這樣，你的表達和溝通才有好的效果。

學會等待，學會妥協

人都有利益需求，付出了就希望得到回報，努力了就希望有結果。但是，耐心還是要有的，不管是在你的學習中，還是在未來的職場中，都需要你默默無聞地慢慢耕耘。只有耐得住寂寞，才能結出豐碩的果實。

在群體中生存，要學會「妥協」，民主也是少數人向多數人妥協的結果。在群體中，任何決策都是多方利益訴求的多重博弈的妥協的結果。大學生年少氣盛、血氣方剛，激情是需要的，但是，該妥協的時候，卻不會妥協，就可能耽誤你奮鬥的目標。一個人多一點韌勁，路才能走得更遠！

要維繫良好的人際關係，就要以真誠的心，善意地面對周邊的同學和朋友，適當地妥協，把握好人和人之間交往的邊界，非常重要。

我身邊有位同齡朋友曉遠，也是一位高校老師，他告訴我說，他把卡耐基的《人性的弱點全集》讀了七八次。他在10年前還送了這本書給我。全球知名的人際關係大師卡耐基寫的這本書通俗易懂，沒有深奧難懂的語言，只要細細品讀，就能幫助一個人更好地維繫人際關係，更好地看待人生、對待生活。在老徐看來，曉遠雖是一名普通教師，但他與全校師生、領導都相處得很好，既能和學校領導談得來，也和其他學院很多老

師都熟悉；他談話風趣、為人謙和，學生也比較喜歡他。曉遠把工作上的各種事務都處理得很妥帖，自然活得快樂自在。

♯延伸閱讀♯ 如何訓練自己在公眾場合的表達能力

除了人和人之間的溝通之外，還有一種表達，就是一個人在群體或公眾面前表達自己的觀點。這是同學們必須具備的一種能力，但是很多人在這方面都有障礙。

以老徐自己為例，我在17歲時考上四川大學數學專業。在大學的四年時間裡，我的溝通能力和在公眾面前的表達能力都是非常欠缺的。還記得，與我中學同班的一位同樣姓徐的女同學同時也考上四川大學生物專業。在新生報到的時候，我看到她，相距不到5米，居然不好意思和她打招呼。當然，這和年少時特有的羞澀有關。一直到20來歲大學快畢業時，我才意識到這個問題，為克服自己懼怕交流的心理障礙，我有意識地創造條件去和陌生人攀談，經過長期練習才得以消除這個心理障礙。不過，今天想來，這是老徐在大學讀書期間留下的遺憾，希望同學們就不要再留下我這樣的遺憾了！

那麼如何提升自己在公眾面前表達的能力呢？要解決問題，我們首先要找到問題產生的原因。通常，我們的害羞、膽怯和不自信，都源於太看重別人對自己的看法，擔心自己因為講得不好而被別人看輕。想要彌補這種不足，同學們就要進行有意

識的訓練，在校學習期間，創造更多的機會鍛煉自己，加上今後閱歷和經驗的增加，一定會逐步克服這種障礙的。

同學們在眾人面前要做到把自己的觀點講出來、講得好，並且得到大家的認可，有三個關鍵點需要把握。

首先是內容為王，我們自己肚子裡得有貨。這就需要同學們多閱讀、多思考、多分享。再次強調，同學們在大一時，可以和身邊的小夥伴組成一個三到五人的學習小組，讀書、思考和交流。如果恰好這幾位同學都在一間寢室，就再好不過了。以管理類專業的學生為例，大一或大二開設了管理學課程，你就和同一學習小組的同學一起，把這門課程中的一些知識點、案例拿出來進行討論，有不同看法甚至可以爭論。學習小組中的一位同學把大家討論的觀點進行梳理和歸納，找機會到課堂上發言交流。另外，最好在一個學習小組內，大家定期共同閱讀一本書，閱讀完之後，在小組內分享各自的讀書心得。你要能講得好，別人才願意聽。你必須好好準備，在準備的同時就是對知識的再學習。

其次，你要考慮如何表述。這就是對表達邏輯的梳理，即要考慮如何表達才有層次和條理。你可以把小組內不同組員表述的觀點進行歸納提煉，講給別的朋友聽，讓別的朋友也能快速知道一本書的精要內容。其實現在的「樊登讀書會」就是在做這樣的事。老徐認為，這種群體學習方式非常有價值，一方面你只有能把學到的知識講出來，才能知識掌握得更好，使學習變得高效；另一方面，清晰地把知識講述出來，也培養了

你表達的能力。

最後，同學們要抓住一切可以鍛煉自己表達能力的機會，包括老徐之前提到的課堂積極發言、參加各種社團活動、在集體活動中爭取發言機會等。老徐發現，現在很多同學就僅僅把自己定位為學生。他們的自我心理暗示是：我是學生，我是來學習的，我什麼都不懂，我不會表達，我不會講話。其實這是一種錯誤的心理暗示，你這樣是不會進步的。你要把自己定位為一名職場人士，為自己的言行負責，你說的話很重要，你做的事很重要。這樣，你就會注重自己的表達，會認真對待你的言行。

記得幾年前，老徐到某汽車4S店逛，見到一名銷售專員，剛好是我教過的剛畢業的一名學生。這位同學見到我，侃侃而談，很專業地向我介紹所售賣的汽車的性能，讓我大為震驚。因為在半年前，他還沒有畢業，那時的他在我印象裡是萎靡不振的狀態。但僅僅半年時間，他前後判若兩人。後來我想明白了，在校園裡，他始終認為自己是學生，他的心態就是「不管怎麼樣，老師都得讓我畢業」；而到了工作單位，如果還是低迷的狀態，可能經理第一次批評一下，第二次說不定就會罵人了，第三次，可能就會考慮解雇人。社會和職場的邏輯和規則就這麼簡單直接。

另外，同學們要盡量訓練自己說一口較為標準的普通話，並且注意控制自己在公眾面前講話的語速，讓聽者能夠清晰地聽到你表述的觀點。以老徐自己為例，我年輕時缺乏這方面的

訓練，現在作為一名任教多年的老師，我的普通話仍然不夠標準，講話的語速有時候不知不覺就變快了。在這方面，我至今都還需要不斷地改進。

對於同學們來說，無論未來從事什麼工作，從讀大學開始就要有意識地訓練自己在公眾面前表達的能力。這將會讓你在未來的發展中受益良多。

老師好像
變得越來越陌生

所謂大學者,非謂有大樓之謂也,有大師之謂也。

——梅貽琦

理解老師,嘗試和老師交朋友。因為讀大學,其實就是「讀老師」!

——大偉

許多同學,雖身處大學,但對大學的架構及運行模式是不清楚的。作為一名大學生的你,如果對學校瞭解得多一點,特別是對老師瞭解得多一點,在大學時代就會走得更順利一些。

同學們讀大學,不是因為有一個漂亮的校園,也不是因為有一個響亮的校名,而是因為在大學裡有一群叫「老師」的人。

讀大學，對你最重要的就是你能不能在老師那裡獲得有價值的知識。

進入大學後，和中學時代的老師相比，大學老師和中學老師不太一樣，變得有些陌生了。而讀大學想要學有所獲，你就要認真對待老師，多接觸一些老師，學會和老師交朋友，千萬不可拒老師於千里之外。

老徐花點筆墨，和同學們聊一聊這個話題。現在要進入大學當一名老師，真是不容易。雖然大學裡的員工，我們都可以稱為老師，但是嚴格地說，大學的員工分為三類，分別是教學科研群體、行政管理群體和工勤服務群體。

過去，在大學任教，本科或碩士畢業就可以擔任教師；現在當大學老師的准入條件是至少必須獲得博士學位，一些高職院校的老師的准入條件稍低一點，但至少也需要擁有碩士學位。大學中的輔導員老師在管理歸屬上被列入行政管理群體，還不是嚴格意義上的任課教師。現在的大學輔導員，大多都需要具有博士學位，比如像老徐任教的學校，今年新進輔導員，都要求有博士學位。

在國內，六七歲開始讀書，小學六年、中學六年、本科四年、碩士三年、博士三至五年，到一個人獲得博士學位，都30歲左右了。這個時候生活才剛剛起步。現在多數年輕老師在博士畢業之後經過遴選，直接到學校任教，他們大多是從學校來，再到學校去，沒有太多的社會歷練。不過，部分年長的老師，之前在企業、政府機構等單位工作過，再來的學校；有些高職

院校願意選擇具有工作背景的老師進入學校任教。一些較為資深的教師在學校工作若干年後，可以為政府機構或企業做課題，或者到企業擔任技術顧問、管理顧問，或者獨立董事等。

由於教師的薪酬來自於財政支付，因此收入不會很高。有些社會人士對老師的收入有一些誤解。幾年前，老徐在和企業的朋友交往時，因相互之間關係熟了，他們就私下問我的收入，覺得我當了多年教授，又是學院的副院長，收入肯定很高。真實的情況是，全國的高校教師，在學校獲得的工資性收入都差別不大，比如，就北京、上海、廣州等地的普通高校教師而言，他們在學校的收入和我們西部地區學校的高校教師的收入都相差不大。

回憶中學時代，似乎老師和學生之間的聯繫更為緊密。學校、老師和學生及學生家長，大家共同的目標就是考一個好分數，選一個滿意的大學和專業。中學老師特別辛苦，特別是高三的時候，老師和學生同樣早出晚歸，一方面是因為老師的責任，另一方面老師也處於高考壓力傳導系統中的終端環節。中學老師重視教學，有時候更多地體現為重視高考。老師的榮譽、工作績效，包括獎金、評優、升職等，無不和高考成績掛勾。

和中學時代相比，大學老師和學生的關係可能要疏遠一些。以前，大學老師關注的重心可能並不僅僅是教學，還有科研，因為前些年對大學老師的激勵是偏科研的。老師們博士畢業之後，來到學校，需要評職稱，需要評上副教授，再評上教授。

如果一位老師沒有科研課題、論文和著作，就無法評職稱，工資就上不去，就很難有發展空間。職稱就是高校老師的命根子！記得幾年前一位本科畢業於清華大學、博士畢業於美國西北大學土木專業的海歸學者、青年才俊涂某，受聘於東部某著名大學，由於當年沒有評上副教授，一時想不開跳樓自殺了。雖然這個悲劇是個案，主要是由於這位青年老師的心理素質不好導致的，但這也從側面說明，職稱給老師帶來的巨大壓力。

高校雖然要求教師認真授課，達到好的授課效果，但是具體哪位老師授課效果好，很難量化，評職稱的時候就難以評估，於是就傾向於比較科研。教師的科研怎麼比？就看哪位老師在什麼樣的刊物上發表了多少論文，拿到了哪一級別的課題，獲得了哪一級政府的獎項。於是，多數老師就拼命寫論文、拿課題。某些時候，別人並不看重你的論文寫的是什麼，有什麼創新性思想，只需要看你發論文的刊物級別和發表論文的數量。

從理論上說，一位老師科研好，科研反哺教學，能夠更好地上好課。但是，現實和理想往往大相徑庭。教師把精力都放到科研上了，對教學自然容易忽略。有時候一位老師教學效果再好，也僅是作為老師在盡責而已。如果老師太功利，就不會去關注教學。正因如此，出現了個別極端的例子，曾有個別年輕老師碩士畢業來到學校，上課只念 PPT，全身心專注於自己的職稱晉升，在職博士畢業後，又努力評上了副教授，之後才開始把心思在教學上。

當然，大家都看到了這樣的弊端。這幾年，教育主管部門

和學校開始倡導重視教學,並採取了不少舉措。就老徐個人觀察,現在的老師比以前更重視教學了。其實,無論在哪種環境下,在教師群體中,有相當數量的教師憑自己的責任心和良知,投入了大量精力在教學上。

以上對老師群體的描述,希望能幫助大學生瞭解這個群體,瞭解社會對老師的激勵導向。**教師群體就是一個讀了多年書、智商不錯、學識較為淵博、社會歷練可能不足,且具有較強責任心的一個群體**。高校教師當然應該做到「學高為師、身正為範」,但教師作為社會的一個群體,既不是靈魂工程師,也不是蠟燭,就是一種職業。只要他們具有應有的職業道德和工作責任心,就達到了教師職業的基本要求。社會輿論既不要把老師拔高,也不要把老師貶低。有人稱「教授」為「叫獸」,只是一種戲謔,切不可當真,因為任何群體都有敗類,不能以偏概全。由於多年的讀書學習,老師平均的道德素養在不同社會群體中還是比較高的。同學們知道了高校老師群體的特性,就能更好地和老師打交道。

在大學求學期間,學生的學習不僅在課堂上,還包括和老師的課下交流。這就是大學之所以成為大學的原因,否則,找全國最好的老師,通過視頻上課不是效率更高嗎?但現在同學們多數不願意和老師交流,有時,任課老師對不少同學幾乎沒有什麼印象。頭腦靈活點的學生,會在課間主動和老師聊聊天,主動幫老師擦黑板,在校園碰到老師主動打個招呼。這些是最

基本的為人之道。這些細小的行為，會給老師留下一個好的印象。

作為學生的你，要學會換位思考，嘗試從老師的角度看問題。舉一個簡單的例子，不少同學在向老師提交作業的電子文檔時，給老師發送的電子郵件往往沒有郵件說明，附件中的文檔名稱常常是「作業」兩個字。從這些細節就可以看出，這樣的學生不會對自己的資料進行整理分類。而老師一下收到幾十上百個沒有特徵名的文檔，在批閱作業的時候，就不得不花較多的時間和精力梳理文檔。如果學生把向老師提交的文檔命名為「學號＋姓名＋作業名稱」，就會給老師的批閱提供便利。當然，善於管理的老師，會事先要求學生這樣做。這雖是細節，但從中可以看出一個人是否有溝通的素養。

只要老師認真授課，學生就應該要給予老師足夠的尊重。記得有次在課堂上，我看到一位女同學不認真聽講，上課玩手機，為了提醒她，我特地在課堂上向她提問，這位學生起身之後，一臉漠然，冷漠地回答：「不知道」。其實，學生這樣的處理方式很不聰明，既沒有意識到自己的錯誤，又不會給老師留下好印象。聰明的學生會這樣處理，起身微笑著說：「老師，抱歉，我真回答不了。」本來，老師對你上課開小差並不會特意計較，而是會介意你的態度。只要你友善地回答，不就化解了尷尬嗎？

我相信，能夠在學校任教的老師，絕大多數是擁有良好的

知識儲備的。只要老師的工作是認真的，上課是負責的，學生就應該主動和老師友善相處，不要和老師形同陌路。老師出於責任心，會認真準備教學內容。**老師只是有情感的普通人，上課也需要得到學生的反饋。若沒有交流，老師只是在輸出信息，自己也會覺得索然無味，長期下去，就有可能不會精心準備授課內容了。**同學們若在課前課後認真思考，有疑問隨時提出來，甚至可以對老師的觀點提出質疑。這樣，老師在上課時會感受到壓力，就會更認真地備課。

特別要注意的是，對於人文社科類課程，有些老師講到興頭上，思維可能會有些發散，講一些和課程關係不大的內容，並且帶有個人的主觀判斷。對於老師個人的某些觀點，同學們如果不讚同也可以用適當的方式和老師溝通，私下交流或當面質疑都行。不管你如何選擇處理問題的方式，老徐建議都要善意地對待認真負責的老師。

總結以上的這些建議，和老師相處的要訣就是，積極主動和老師交流，有問題及時發問，有質疑及時提出，互動能提高老師對課堂教學的投入度。按照史蒂芬・柯維在《高效能人士的七個習慣》中的觀點，「積極主動」也是「高效能人士的七個習慣」之一。

在大學校園裡，我們接受學校的管理，接受老師在課堂傳授的知識。為了從老師那裡獲得更多的有價值的東西，你要變

被動為主動，根據你的需求，有選擇性地和不同的老師打交道，要把老師當成朋友、兄長或自家的叔伯一樣，好好經營這種師生關係，要「管理」好你的老師。

我在這裡談到的「管理老師」，是從管理學理論中借用的觀點。我們知道，所謂「管理」，一般是上級針對下級、經理針對員工、老師針對學生的行為。但在管理學理論中，也可以從另外的視角來看待這個問題。管理學大師彼得・德魯克曾經提出「How to manage the boss」（如何管理你的上司）這個問題。

「管理」上級，是基於一個新的視角提出來的觀點。下級為了達成目標，或者達成組織和個人的績效，要積極主動和上級溝通。**下級要發揮上級的長處，規避上級的弱點帶來的不利，從而為達成自己的目標服務。**老徐在給民營企業的管理人員上課時談道：「你的老闆決定的正確的事情，你努力去把事情做好；你的老闆決定的錯誤的事情，因為你難以左右你的老闆，你就努力去把事情做正確。」在學校的學生也應該具有這種思維模式，學校的任課老師就是你的「上級」，你改變不了你的上級，但是可以調整你和上級的關係，以達到你的目的。

作為一個學生，在大學四年時光中，你要接觸輔導員、班主任老師、宿舍管理員、任課老師，以及學院或學校的黨政領導，而任課老師中，又有專業課老師和公共課老師等。大學的所有課程，你都得考試及格，這是底線，但學習方式是有區別的。有些課程，出於種種原因，有時候你不得不翹課，但只要你到了課堂上，就要表現出你的存在感，讓老師對你有個印象。

具體到不同的課程，授課的效果和任課教師有很大的關係，因為即使是一門你不太願意去深入學習的課程，若老師講課很精彩，你同樣會有收穫。

在學校，所謂讓老師為你所用，就是要你在與老師打交道時，變被動為主動。對有些課程的教學方式，課後作業怎麼完成，你其實可以自己動腦筋，課前課後多想想，並且私下向老師提建議，讓老師的教學方式更適合你。總之，針對不同的教師群體，針對在學習過程中遇到的不同問題，你都要積極主動和老師溝通，以達到你的目標。

♯延伸閱讀♯ 俞敏洪在北大讀書時，主動給老師徐小平端茶倒水的往事

新東方教育集團的創辦人俞敏洪是大家熟知的勵志專家。他曾經聊起過自己讀大學和老師交往的舊事。這個故事來源於俞敏洪的書《願你的青春不負夢想》，在這本書中他是這樣敘述的：

徐小平在北大是我們的老師，跟他交朋友是很難的，而且他教的不是英語，而是西方音樂史，他是從中央音樂學院過來的。但是他講課深深吸引了我，於是我就在週末去敲他家的門。他一開始其實不太待見我，為了讓他能夠接納我，我給他買了一支鋼筆，金星牌的，價格我記得特別清楚，一塊五毛錢，一塊五毛錢相當於現在的50塊錢。我當時在北大的助學金是每月

22塊錢，一塊五毛錢快抵得上我一個月十分之一的收入了。（老徐在這裡特別點評一下，給老師送禮並不恰當，為尊重俞敏洪原著，如實敘述）

我知道他有一幫老師朋友在他家裡，禮拜五我去的時候，一幫老師正在聊天，我就說能不能坐在旁邊聽你們聊天。要知道老師在一起聊天，學生往那裡一坐，老師是特別不開心的，因為有學生在那裡，身分不一樣，老師聊天的話題就不對了，而且有些話題老師當著學生的面不一定敢聊。徐小平老師告訴我，他們聊的都是男女話題，我不能受污染。我說我剛好需要啟蒙知識。

但是不管怎樣說，「拿人的手短」，徐小平老師最終允許我坐在邊上旁聽。他當時說聽一次就完，我喜出望外，連忙主動給他們倒水泡茶。晚上他們餓了，我就去給他們買方便面，結果他們最後覺得有個學生在那裡服務也不錯，就接納了我，於是每個禮拜五我都去給他們倒水、泡茶、買方便面。

到了第五個禮拜的時候，我不去了。徐小平老師給我打電話說，兔崽子，你怎麼不過來了？我說，怎麼了？他說，你不過來我們連倒水的人都沒有了。可見，到了那時候，不管出於什麼原因，他們已經離不開我了。

交朋友是要有方法的，你要去追，你要想辦法融入這個圈子，要用一種態度去融入。**你要融入一個朋友圈，要麼是你得在這個朋友圈有引領作用，要麼是你有思想，要麼是你有服務意識。**

這個故事對大家有啓發的地方是，如何創造條件和老師交朋友。而且也讓我們看到，俞敏洪之所以成功，絕對不是偶然的！

「醜小鴨」
如何變「白天鵝」

日復一日做的事情，決定了我們是怎樣的人；所謂優秀，並非指行為，而是習慣。

——亞里士多德

改變自己的習慣，讓好習慣深入你的骨髓，即使你是「醜小鴨」，習慣的改變，也會讓你逐步蛻變為「白天鵝」！

——大偉

作為大學生，我們都希望自己學業順利，畢業走向職場後，順利轉換角色，在職場競爭中勝出，成為一個成功的人。

人和人之間是有差別的，有的人做什麼都順風順水。例如步步高的創始人段永平先生，20多年前研究生畢業後，給別人

打工時，推出了「小霸王」游戲機，成為當時國內的知名品牌；然後自己創辦步步高，很快也獲得成功；之後隨妻子一起移民美國，在美國的證券市場投資，重金購買網易，居然大賺50倍；後來作為投資人創辦了OPPO和vivo兩大手機品牌，在國內的銷售量位居前五；現在他主要的精力放在做慈善上面。在眾人眼中，段永平先生就是人生的大贏家。而有的人，做事卻不那麼順利，無論做什麼都是磕磕碰碰的，也沒有取得什麼成就。

即使是從同一所學校畢業的同學，人生道路也可能大相徑庭。比如，同為中國人民大學畢業的劉強東和武繼紅，劉強東是中國人民大學92級社會學專業的學生，武繼紅是中國人民大學94級檔案管理專業的學生。兩人都是草根出身，劉強東考到中國人民大學，本是打算今後當公務員；武繼紅大學畢業也考了公務員，筆試通過，但是面試被淘汰。不過，劉強東後來創辦京東，並發展成為知名電商企業，獲得巨大成功，還娶了「90後」的章澤天，實現了所謂階層跨越。武繼紅大學畢業後，考公務員雖然筆試通過但面試失敗，就業不順利，再加上父親病故，就回到家鄉打工，先後兩次嫁人，生了5個孩子，家庭貧困。

其實，在這個世界上，除了有非凡天賦或智力有缺陷的極少數人外，我們絕大多數人的思維能力、智力、體能等都差不多，但是，最終我們的人生之路卻有很大的差異，甚至存在「馬太效應」。我相信，在高考的時候，都考入同一所大學讀書

的劉強東和武繼紅，他們在智力上不會有太大差異，而導致其不同的人生軌跡的原因是什麼呢？

我們這裡不去討論成功學，那不是這本書所要討論的話題。並且對所謂「成功」，不同的人有不同的理解。但作為大學生個體，你可以和自己比，思考你需要通過哪些方式去努力，讓自己變得和過去有所不同，而且這種不同是正向的，是朝著好的方向發展的。這種變化就是讓你自己變得比過去優秀，這種優秀一定會被外界感知到。別人會發現，你和周邊的人不同，你和你的過去不同。這種優秀，一方面體現在你的為人處世、你的工作能力、你的精神狀況上；另一方面，你的這種優秀，也是你個人的一種「品牌」，使得你周邊的人，包括你的同學和老師，未來職場上的同事、上司和客戶等，接納你，認可你，欽佩你！這樣，你的機會就會越來越多，你的未來的路就會越走越順暢，你的人生就會變得更加絢爛！

那麼，如何做到和過去有所不同？如何做更好的自己？如何變得更優秀？在我看來，就是要堅持一些好的習慣，而且這**些好習慣別人本來可以做到，但客觀上他就做不到或者無法長期堅持，而你能夠做到，並且能夠堅持下來。那麼，你就和別人不一樣。**

所以，我們說，一個人之所以優秀，原因其實就是堅持一種習慣，一種好的習慣！你只要堅持好的習慣，並把其融入你的生活和學習，你就能成為優秀群體的一分子。哪怕你是「醜

小鴨」，也會變成「白天鵝」！

那麼你要做哪些事情，堅持哪些習慣呢？

堅持運動，堅持鍛煉

大學四年，堅持運動，堅持跑步，或者堅持到健身房鍛煉。因為這個階段正是你塑造一個健碩或苗條身材的好時機。

同學們在之前的高三階段，多數同學為了應對繁重的學業壓力，幾乎都沒有時間鍛煉。剛進入大學的時候，男生肌肉不足，女生甚至有了小肚腩。同學們在大一這一年，剛從高考桎梏中解脫出來，經過一個假期的調整、遊玩，甚至一些同學在一起胡吃海喝，心情是比較輕鬆的。但這個時候，同學們忽略了一個重要的事情，那就是運動。大一的同學應該多去學校的球場、操場和健身房運動。

現在的大學的校園面積普遍都很大，因此乘坐校園交通車能夠節約時間，同學們也有這樣的需求。不過，同學們不能太依賴校園交通車了。有時候，學習之餘，三五個同學一起步行10多分鐘，其實是對身體很好的調整。所以，同學們，為什麼不邁開腿，用你的雙腳丈量校園？為什麼不在行走中欣賞校園風光呢？

為什麼要運動？因為這會讓你更有活力。運動讓你的身體釋放多巴胺，使你更愉悅、更健康。健碩和勻稱的身體，健康的身心，是你最好的資本。記住，為自己投資，投資到自己的

健康上，是最值得的。

　　長期堅持運動的人，體力和體能都較好，人顯得更有活力，能夠更好地應對繁重的工作壓力。長期堅持鍛煉的人，無論是學習還是工作，效率都會更高一些。

　　我曾經在美國的密蘇里大學交流訪問，在那裡小住了一個月。讓我比較驚詫的是，這個地區身材肥胖的人特別多，有的人胖得實在是身材走形，讓人無法想像其生活狀態。但我觀察，這些肥胖者往往都是社會底層人士，生活水平較好的人，肥胖者較少。這些人之所以胖，是不好的生活習慣造成的。由於美國的飲食習慣，他們喜歡喝大杯的可樂，有些快餐店如麥當勞等，加一美元，飲料可以隨便喝；加上他們不喜歡運動，據說上二樓都是坐電梯，而且空調一年四季24小時恒溫，這樣幾乎都不出汗，怎麼能不胖！

　　雖然，由於遺傳的原因，每一個人的身體狀況、身材肯定有差異，有些人天生就容易長胖，但後天的自我控制和自我管理，對保持健康的身材是非常重要的。要相信，**一個人連自己的身材都無法管理，怎麼能夠管理好自己的人生！**勻稱的身材、健康的狀態，透露一種自信，在職場上，也會為你帶來更多的機會。

　　最近火爆國內的一部印度電影《摔跤吧！爸爸》，幾天之內票房就超過10億元。其火爆的原因之一，就是出演這部電影的男主角阿米爾‧汗為了拍好這部影片，真實地展示人物形象，而沒用化妝和特技。他先增肥拍年老後的父親，再減肥拍攝年

輕時的肌肉男。阿米爾·汗為增重先大量攝入高熱量的食物，一度體重達到 97 千克，體脂率為 37％。超胖的體型給阿米爾·汗帶來了麻煩，呼吸變得急促，走路、坐下都變得艱難而費力。阿米爾·汗把年老的父親的鏡頭拍攝完之後，就開始減肥。這個過程異常痛苦，他甚至一度想放棄。經過近半年的大量的運動和控制飲食，阿米爾·汗的體重恢復到了 67 千克，體脂率回到了 9.6％。男主角的減肥歷程非常勵志，加上他的敬業精神，讓這部影片不火都不行。

　　同學們在學校的運動，最簡單的方式就是跑步，校園裡都有操場，這是任何校園都具備的條件。除了跑步之外的運動就多了，籃球、足球、羽毛球等，女同學可以練習瑜伽、舞蹈等。不過，運動一定要講科學的方法，特別是運動後要注意做拉伸等放鬆活動，否則會給你的身體帶來傷害。另外，我個人是不太主張參加較為劇烈的運動的，任何超過身體極限的運動都可能給你帶來傷害。我們運動的目的是鍛煉自己的身體，保持好的形體，從而提升自己的精力，為自己的學習和生活增加活力。而若按照職業運動員的方式進行訓練，會給自己的身體帶來隱患。我曾經在電視上看到，原中國女排的主攻手郎平，在接受採訪的時候說過這樣一句話，「要是哪天身體不痛就好了」。由此可知，職業化的訓練其實對身體的傷害是巨大的。

合理膳食，攝入和消耗要平衡

老徐要特別強調一下：管住你的嘴，為自己負責。校園周邊的餐飲，經營什麼最火？就是路邊的麻辣燙、燒烤等「美食」。我們知道，中國人在餐飲上最具有創新意識，好吃的、香噴噴的食物確實誘人。大學校園周邊的路邊攤，往往是學生們的最愛。殊不知，這些「美食」，很可能是用不新鮮的食材做出來的，高熱量、低營養。所以，我建議同學們盡量少在外面吃飯，尤其是校園周邊的路邊攤。我記得網易的丁磊接受電視臺記者採訪時說過，「我們住著幾百萬元的房子，但是卻吃著蘇丹紅」。正是這樣的擔憂讓丁磊決定養豬，養生態豬，希望能夠為大家供應放心豬肉。丁磊這一干就是八年，值得佩服。總之，老徐建議同學們，若管不住你的嘴，偶爾為之，未嘗不可。但切不可成為路邊攤的常客，要為自己負責！

遵守規則和契約，恪守承諾

現代社會，人最重要的財富是什麼？是社會群體對你的認可，是他人對你的信任。一個人在大學期間，就要學會守契約、講規則。成為一個能夠被信賴的人，你才能夠走得更遠！

記得，我曾經問過我指導的來自泰國清邁的研究生梁慧，我問她喜歡中國嗎？她說非常喜歡，而且她畢業以後還希望留

在中國發展。我進一步問她，你在中國，最不喜歡什麼？她遲疑了一下說：「我不喜歡有些人隨地吐痰，不排隊。」

的確，在我們身邊，隨地吐痰、不排隊的現象時有發生，甚至在高校老師中，也有個別人有隨地吐痰的不良習慣。

我們知道，現代社會，是人和人之間高度交互的群體社會，要使社會有序運行，社會成員會制定出一定的規則，大家共同遵守這樣的規則，社會運行效率才會高，否則，這個社會就會陷入低效率的狀態。

遵守公共秩序、不隨地吐痰、辦事排隊等候，是現代文明社會的人應該遵守的基本規則。大學生群體更應該率先遵守這些規則。

客觀地說，現在的大學生們，在社會群體整體的行為素養中，算是做得比較好的一個群體了。這要歸功於在學校受到的教育。不過，大學生群體仍然要在這方面有更好的表現；作為大學生中的個體，你一定要對自己的日常行為有足夠的重視。

時間觀念很重要，要守時。注意不要浪費別人的時間，特別是在參加公共活動時，一般要至少提前 5 分鐘到場。以前經常遇到這樣的情況，通知說 8:30 開會，結果到 9:00 才能夠舉行。雖然說現在這種情況相對較少了，不過不守時的現象還是時有發生。早上 8 點的課，鈴聲響過，仍然有不少學生匆匆從食堂等地趕過來。作為一名教師，每當我看到遲到同學毫無愧疚地走進教室，內心就別有一番滋味。

在公共場合遵守規則。包括我剛談到的，不要隨地吐痰，

不亂扔垃圾，辦事要排隊等候，便後沖廁，過馬路遇綠燈通行等。這些行為要固化在你的骨髓裡。當你走向工作崗位之後，這些基本的修為，可能會影響你的工作表現，甚至職業升遷等。

遵守契約，具有契約精神。承諾過的事情，就一定要兌現；簽訂的合約，就一定要執行。要做到一諾千金，就要在學校有意識地培養自己的信譽，和同學交往，任何事，只要答應了，就一定要辦到。要知道，你的大學同學、大學校友，可能就是你未來的職場同事或生意夥伴，建立個人信譽，為你的未來奠定基礎。

每天閱讀一小時

老徐在前面也談到讀書的話題，不過之前談的是如何讀書，以及讀哪方面的書。這裡談的讀書，是希望把讀書養成習慣，一個融入你生命骨髓的習慣。我建議，**在大學裡，除了正常的課程學習之外，你要每天單獨拿出一個小時的時間去閱讀專業外的書籍**，這一點尤其重要。我們來看一組數據，大學按照四年計算，一年 365 天，你拿出 300 天的時間，每天讀一個小時的書，這個完全能夠做到。那麼大學四年，你就比別人多讀 1,200 小時的書，若按照一天 8 小時的工作時間計算，你就比別人多出了 150 天的時間。想一想，你和別人的差距就是這麼出來的。

遭遇挫折，永遠想下一步該做什麼

我們在學校的學習、生活和未來的職場中，常常會遭遇到困境，甚至會遇到難以跨越的坎，情緒沮喪是自然的，但是，一定要牢牢記住這一點：面對困境，要思考下一步該如何做。只有去尋找解決問題的辦法，才可能讓我們逐步擺脫困境，跨越障礙。這也是我們要堅持的好習慣！

在大學或未來的生活工作中，**要有這樣的胸懷，能夠用錢解決的問題都是小事情，特別是所需要的錢在自己能夠應對和掌控的範圍內更是如此**。只有不能用錢解決的問題才可能是棘手的問題，對此我們也要去尋找解決辦法，而且相信自己一定能夠找到辦法去解決。

當你知曉自己某門課程考試不及格時，馬上要想到，什麼時候能夠補考，或者重修，該怎樣去復習，下次考試才有更大的把握。當你遇到感情困惑，特別是遭遇失戀時，雖然難受，但一定要收拾心情，認真考慮這段感情能否挽回，若認真評估後，覺得無法再回到過去，就需要盡快去做別的事，排遣這種沮喪。錯誤的處理方式是一直沮喪，甚至尋死覓活。

當然，需要我們養成的「好習慣」還有很多很多，不過，只要能夠做到這幾個方面，並且形成你的習慣，你就和別人不一樣了。最初做起來可能很難，覺得這樣堅持似乎也沒有太大

的不同，這只能說明「**我們常常高估一天努力的作用，而常常低估幾年堅持的成效**」。

三五天的行為只能叫心血來潮、三分鐘熱度，只有將自律的精神貫徹到你認為對的行為中，長期堅持下去，才能稱其為「習慣」。這些好習慣一旦內化為你的風格，你就會成為能掌控自己，實現自己目標的少數人。在這裡，老徐為同學們推薦一本書《少有人走的路》。「自律」是一項艱苦的任務，需要耐性、勇氣、判斷力，以及眼光。

♯延伸閱讀♯一日之計在於晨，不要辜負你的青春年華

同學們進入大學之後，除了課程學習之外，作息時間都是自己自由安排。通常，同學們都會晚睡晚起，因為晚上用電腦或手機上網、閒聊等，有很多事情要做，白天就起不來了。特別是在冬天，更是如此。

首先，這不太符合大自然的規律，古人是「日出而作，日落而息」，但現代社會，這個作息時間被打亂了。晚睡晚起不是說一定不行，但是通常會給人帶來麻煩，帶來低效率。尤其是同學們，一到冬天，上午第一節課往往容易遲到，而且不少同學甚至早飯也不吃，就匆匆趕到教室，這對身體是很不利的，而且對學習也不好。

若你畢業後到工作崗位上，還是晚睡晚起，就很容易上班

遲到，工作時沒有精神，工作效率低；若你能夠早睡早起，既能錯峰出行，又能保持充沛的精力，高效地工作。

其實，早睡早起的道理大家都懂，但是要做到很難，能做到的人往往都能成大器。例如，大家熟知的籃球運動員科比，堅持早上4點起來訓練，正是這樣不懈的努力，才成就了科比，讓他成了一名偉大的籃球運動員。

通常，人都有惰性，一個人早起一天、兩天，還是能做到的，要堅持早起，並養成習慣就有些難了。不過，在群體裡若大家都堅持早起，由於有了這樣的氛圍，就相對比較容易堅持，這就是群體的力量。目前，有不少早起打卡的軟件或者「早起團」，大家相互監督和督促，能夠更容易讓你堅持早起。

若你認同早起早睡的價值，你完全可以發起和組織一個「早起讀書會」之類的組織，既鍛煉了你的組織能力，還能幫助你認識更多的同學，並且，一群具有相同理念的同學在一起，對於你的大學生活也是很有價值的。

在國內，由於國土面積大，經緯度不同，通常上海、杭州、北京等地區，比成都、重慶等地的時間要早一個小時。東部的日出時間比西部早，杭州的早上5點相當於重慶的早上6點。因此，東部地區的大學生可適當更早一點起床，西部地區的可適當晚一些起床；冬天可適當晚一些，夏天可適當早一些。因時因地而有所不同。

若你認同老徐的觀點，可參考附錄中的100天行動計劃，有助於你養成早睡早起的習慣。

PART3
做好「三個管理」

把控好自己的情緒,不要被情緒所左右;
管理好自己的時間,讓時間助你的生命綻放光彩;
正確的商業價值觀,就是正確的人生觀!

面對煩惱和不如意

> 情緒不是人對環境的自然反射,因為快樂或焦慮都是你自己的選擇。
>
> ——大偉

當我們做事順利時,就會很開心;做事不順利,就可能沮喪。同學們在校園裡也是這樣,競選學生會幹部,終於獲取職位,就感到很開心;自認為學習還算認真,但考試成績不理想,就會很沮喪。這種心理表現,就稱為「情緒」。一個人心情好、情緒好的時候,做事效率也高;情緒不好,做事效率也會變低。這些都受到情緒的左右。

通常,情緒是人們對自己所遭遇的外界現狀和預估可能的走向在心理上的一種自然的反應。不同的人面對相同的處境,情緒反應是有差異的,甚至是表現迥異的。既然情緒反應因人而異,情緒不是和自己遭遇的現狀有「嚴格約束的函數關係」,

我們也能做情緒的「主人」，掌控好自己的「情緒」啦！

如果在學生時代，就有意識地嘗試控制自己的情緒和管理自己情緒，我相信，你的未來就與眾不同。因為，在我們的一生中，既有春風得意的時候，也會有遭遇各種各樣的困難的時候。在艱難的時候，盡可能保持平和的心情，能看到未來希望的曙光；在春風得意的時候，要學會低調不張揚。這就是人的一種情緒自控力！以老徐走過的大半生的人生經驗來看，我確信，對一個人來說，**情緒管理能力，是一個人最重要的能力！**

和大學生談「情緒管理」，就是希望同學們要盡可能地主動控制自己的情緒，不要讓自己為情緒所困。不良的情緒會帶給我們低質量的生活，把控自己的情緒，是我們在大學階段就要開始刻意訓練的一種能力！

人是有情感的動物，不僅人有情感，幾乎所有哺乳動物都是有情感的，不過人的情感最為豐富，而且帶給人自身的影響也最大。正是因為人具有豐富的情感，人的意念就非常重要。無數的心理學實驗證實，人的意念、情緒等對一個人的影響力巨大，包括對一個人的健康狀況、工作效率、做事能力等，都有非常強大的作用。

有一個發生在 2016 年的有點匪夷所思的真實事件，說明了人在應急狀態下，會爆發出驚人的能量，也說明了人的意念、情緒和情感的重要性。美國愛達荷州一名男子斯蒂芬在家維修汽車時發生意外，汽車的千斤頂滑下使車身落下壓住了他。由於斯蒂芬 17 歲的長子不在附近，當斯蒂芬呼救時，只有 8 歲幼

子帕克聽到。他趕緊叫帕克快升起汽車，但很快因呼吸困難，陷入昏迷。由於情況危急，8歲的帕克調整千斤頂後，用全身力量搖動調控桿，他居然用15分鐘升起了汽車，然後通知兄長報警。斯蒂芬被直升機送到醫院，醫院診斷他雖斷了13條肋骨，但沒有傷及內臟，保住了性命。

斯蒂芬事後受訪說道：「我當時在想，8歲的兒子帕克不可能升起汽車，因為我之前要與17歲長子一起出力，才成功用千斤頂升起汽車。」帕克母親事後叫帕克重演一次，他也無法再做到。但當時，為拯救被汽車壓著的父親，8歲的帕克竟然能以強勁的力量，用千斤頂升起汽車，讓父親脫險。帕克由此被紅十字會選為「東愛達荷州真英雄」。孩子稱全因「天使」幫忙，才造就奇跡！危急關頭時，人類總能爆發異常的「洪荒之力」。

曾經有一位原高校教授、創業成功後成為企業家的劉福泉先生告訴我，在創業的艱難時光裡，自己如同在地獄中遊走，若沒有信念作為支持的話，無法想像能夠走到今天。這種信念，從某種意義上說，就是一種信仰，一種激勵自己堅持的力量。

阿里巴巴創辦人馬雲，在當初創辦阿里巴巴公司時，就提出阿里巴巴要為全球的企業提供一個最好的電子商務交易平臺，讓中小企業做生意不再難，並且堅信自己一定會做成一家偉大的公司。馬雲當初立下這種豪言靠的是什麼？就是一種信念！他認準電子商務這個方向。他明白，**堅持下去，就可能成功，但不堅持，就一定不會成功！**

馬雲的成功讓我非常感慨！老徐和馬雲是同時代的人，都

是在1982年高中畢業參加高考，要知道，那時是全國統考，各省都用同一張試卷。我較輕鬆地考入四川大學數學專業，而馬雲卻連考三次。就當時的學習能力而言，馬雲可能並不出色。1995年馬雲初次接觸互聯網，我也因創辦了一家電腦培訓機構，在1996年初接觸互聯網並參加學習，並且感受到互聯網可能帶給我們的機會。但後來我和馬雲走的路完全不同，雖說人和人不同，各有各的活法，但為什麼走的路差別這麼大？我反思自己，一是眼光，二就是信念！我當時內心也感受到了互聯網可能帶來一次革命性的機會，甚至在同時，我被聘到重慶一家提供互聯網接入服務的公司兼職。在如此相似的背景下，老徐也沒能成為另一個馬雲，最大的原因可能就是缺乏「信念」，沒有勇氣確認自己能夠幹成一件大事。

一個人內心堅持的東西就是信念，甚至可以上升為信仰！信仰為什麼能夠影響全世界這麼多人？就是因為信仰能夠讓人在艱難時光裡抱有希望，在春風得意之時保持內斂。

我們把人的情感、意念、信念和信仰等歸為一類東西，這類以非物質形態存在的東西，就是一種精神的力量。我們要用好這種精神的力量，要主動選擇和把控自己的情緒，因為這種力量強大無比。

人的自我意識是獨立的，一個人無論在順境中或逆境中，都有選擇自己情緒的能力。**個人行為和情緒取決於自身的抉擇，而不是遭遇外在境況的自動反應。**一個人面臨的境況是客觀存在的，在面對外在的境況時，要主動選擇情緒，而不是被客觀

環境左右。這是一種積極思維，也是積極心理學研究的範疇。

當一個人在順境中，很容易做到情緒高昂，做事情充滿活力。而當一個人遭遇逆境時，就是考驗我們智慧的時候，是選擇被動的情緒反應，還是選擇主動把控情緒？這非常重要。當面對逆境時，要承認這種壞情緒的存在，但是一定要迅速調整自己的情緒，走出情緒的低谷。可以這麼說，**一個人處理情緒的速度，就是一個人成功的速度！**

當一個人遇到挫折，一定要盡快走出情緒的低谷，這是我們對自己負責的態度，也是遭遇挫折必須面對的選擇！我以自己的人生經歷，提煉了幾條關於情緒調節的法則，供各位同學參考。雖然說，這些調節情緒的法則可能更適合在未來的工作和生活中使用，但在大學求學階段，同樣也可能遭遇情緒困擾，遵循這樣的法則有助於規避不良情緒的干擾。

在歷史和未來的大視野下看人生

人就是茫茫宇宙中的一個匆匆過客，我們的歸屬都是一樣的，只是體驗人生的過程不同。生命之所以珍貴，不在於生命本身，而是在於有限的生命跳動的時光，讓我們體會到不一樣的過程。對人生的理解，有時候和學歷沒有太大關係，有的人雖然學歷不高，但是把人生看得很透澈。記得吉利汽車的李書福在接受東方衛視的採訪時說過，「人的一生的歸屬都是一樣

的，我就是為了體會不一樣的過程」。正是因為有這樣的胸懷，作為製造汽車的第一家民營企業，他敢於下重註。

當你把生命的意義想清楚之後，你就不會為了短期的不如意而一直耿耿於懷了。一個人只有擁有大智慧，當面對挫折、失敗時，才能燃起新的火種，心中的世界才會光明。

任何時候都不要放棄運動

在前面，我們談堅持好習慣的時候，專門談到要堅持運動；在這裡，從運動有助於情緒調節的角度再聊聊這個話題。

運動是調節情緒的一種非常好的方式。按照生理學的知識，運動會使身體分泌多巴胺、血清素和內啡肽，這些物質能增加我們的愉悅感。所以有人說「人生，唯有運動與讀書不能辜負」就是這個道理。對當今大學生來說，有一位奶奶級的知名藝人劉曉慶女士，值得學習。她在遭遇牢獄之災時，仍然保持樂觀，堅持運動。出獄之後，從零開始，什麼戲都接，哪怕是跑龍套也沒有關係。這種心態，最終讓她走出低谷，成為人生贏家！

做生命中重要的事，從而轉移注意力

知名作家周梅森編劇的《人民的名義》在 2017 年熱播，審視周梅森遭遇的人生，可以讓我們有所感悟。周梅森的財富人生算是大起大落，他依靠出書的版稅，賺取了人生第一桶金，

但是他在證券投資的生涯中，在 2005 年，真金白銀淨虧損 300 萬元；而之後面臨的股改機會，又讓他賺取了數倍的財富。但周梅森在兩三年前，由於股權紛爭，官司敗訴，讓他損失了 4,000 萬元，人生幾十年累積的財富全部化為烏有。而正是在這樣的逆境和沮喪中，他接受了擔任電視劇編劇的邀請。由於該劇大獲成功，他說還要感謝這次官司，正是有這種股權紛爭的煎熬體驗，讓他把劇本寫得如此精彩。試想，若周梅森沒有接受這份邀請，可能他目前還在對過去的損失耿耿於懷、鬱鬱寡歡！

同學們，我們要學會把控自己的情緒，無論是在大學學習期間還是在走向社會的時候，努力做自己情緒的主人，讓自己面對壓力和挫折時，能夠主動選擇自己的情緒。這是同學們需要鍛煉的人生中最重要的能力！

♯延伸閱讀♯ 走出心理困境
——風雨過後是彩虹

掌控自己的情緒，是理性選擇。雖然我們倡導大學生要主動掌控自己的情緒，但要做到這一點的確是不容易的，甚至「修煉」一輩子都難以完全做到，特別是青年時代，正是容易出現劇烈心理波動的時期，這個年齡段的人容易陷入各種各樣的心理困擾。

當我們18歲的時候，內心都期待自己能夠獨立，從心理上盼望自己「遠走高飛」。讀大學，不少同學是第一次離開父母，獨自到一個陌生城市求學。讀大學，到了一個新的環境，如何和周圍的人相處，是每一位同學們都要面對的問題。

　　現代社會，雖然社會生產力高度發達，站在人類社會整體的視角，人類社會創造的財富正在快速增長；但越是這樣發展，社會的競爭壓力越大，人的內心越容易焦慮，越容易出現心理疾患，這真是一個奇怪的悖論。有前衛的心理學認為，所有人都是神經質的，只是程度不同而已，人人都可能遭遇心理危機或罹患心理疾病。雖然今天的社會，更加強調人性關懷，社會對個體及其心理傾向更寬容，但任何個體的心理危機，往往不易為外界察覺，從而導致不少悲劇。

　　進入大學的年輕朋友，從生理上看，這個時期正處於青春萌動期，情緒起伏大，容易導致心理失調，若防範不當，或自我控制不力，往往會出現嚴重的後果。所以我們一定要學會調節自己的情緒，並注意同班級、同寢室的同學是否有出現心理異常的情況。早發現，早應對，避免不必要的悲劇發生。

　　大學生可能會出現各種各樣的心理困惑。一是人際關係處理能力不足，導致同班同學之間、同寢室同學之間的矛盾不能化解；二是到了大學之後，不太適應大學的學習方式，發生厭學、考試掛科、留級，甚至退學等情況；三是個人外在形象、家庭經濟條件等因素導致一些同學自卑，使其難以融入班級或同學；四是個人感情受挫，深陷其中而不能自拔；五是性取向

小眾化，但又無法向他人言說，內心壓力大；六是罹患神經官能症，如焦慮症、躁鬱症、強迫症，包括長期性的失眠等，導致難以堅持學習。

北京大學心理健康教育與諮詢中心副主任、精神科主治醫師徐凱文副教授在 2016 年首次提出「空心病」的心理疾患概念。所謂「空心病」，和抑鬱症很像，表現為情緒低落、興趣減退、快感缺乏。但與抑鬱症不同的是，任何藥物對「空心病」都無效。患有「空心病」的學生，有強烈的孤獨感和無意義感，他們往往從小都是最好的學生、最乖的學生，經常得到別人的嘉許。但他們到了大學後，缺乏目標，不知道活著的價值和意義是什麼。這種心理狀態，容易讓患病者產生自殺的念頭。

從學校心理諮詢老師所掌控的信息看，同學們在大學求學階段，可能遭遇各種各樣的心理障礙。現在的高校普遍都設有心理諮詢室，在大學求學期間，若學生遭遇心理困擾，出現心理障礙，應該及時找學校的心理諮詢老師進行心理輔導。尋求心理諮詢需要提前預約。老徐所在高校的心理諮詢室，每週平均有 20 個左右的同學來尋求心理輔導。心理諮詢老師專業的心理輔導，對幫助學生走出心理困境，還是有很大的輔助作用的。

人是不完美的，每個人或多或少都有一些缺點，我們每一個人的一生，都可能產生各種各樣的心理障礙，遇到難以跨越的坎。這時候，你一方面需要進行自我心理調適，另一方面一定要積極尋求外在的幫助。同時，在學校的每一個人，都要學會寬容他人。好在社會已逐步形成了寬容的環境，只要不妨礙

他人，對一些小眾的人格和取向等都能接納和包容。當面對心理障礙時，你要相信自己，無論再大的風雨，都會堅強地扛下來。因為我們相信，風雨過後是彩虹！

時間都去哪兒了

> 掌控時間，為你的生命增添長度，從而使其變得更加絢爛！
> ——大偉

人的一生是短暫的，在這有限的時間裡，我們想做的事很多，時間就成為最稀缺的資源。大學時期是人生中最能夠靜下心來好好讀書的時期。如何珍惜這段時光，充分利用好時間，就成為我們需要認真對待的事。作為大學生，我們需要做好自己的時間管理。

時間管理是管理學中一個非常細的領域。管理學泰門德魯克先生在他的《卓越有效的管理者》中，花了較多的筆墨談「管理你的時間」和「要事優先」。德魯克認為，一名卓越的管理者首先要會掌控自己的時間。

如何管理自己時間，這在全球都是一個令人關注的話題。戴維・艾倫（David Allen）在其撰寫的著作 *Getting Things*

Done 中，構建了高效完成工作與個人事務的方法和工具。伯恩·崔西（Brian Tracy）撰寫的高效時間管理法則 *Eat That Frog*，讓無數人實踐其方法。我指導的來自泰國清邁的研究生梁慧，就閱讀了這些書，並且按照書中介紹的方法來安排自己的時間。

國內高校的管理學課程，也有涉及時間管理。浙江大學邢以群教授編寫、高教出版社出版的《管理學》教材，有專門的章節談這一個話題。不少對此有研究的專業人士，也撰寫了這方面的書籍，例如周鑫撰寫的《小強升職記》，就是一本講職場人士如何利用好時間的書。

最近幾年，易效能時間管理專業培訓機構創始人葉武濱老師撰寫的《善用時間》，受到追捧，成為暢銷書。該書採用講故事的形式傳遞時間管理的奧秘，將群體化學習、時間管理和軟件工具相結合，融會貫通「道、術、器、用」，教大家如何掌握自己的時間和生活，如何構建個人專屬的高效能系統，如何平衡家庭、工作與個人生活的時間安排。葉老師在喜馬拉雅音頻廣播中講解的免費課程「時間管理 100 講」，比較全面地詮釋了時間管理的理念和方法。

時間對任何人來說都是公平的，每一天都是 24 小時，任何人都無法比別人擁有更多的時間。嚴格地說，**時間是無法被管理的，我們能管理的不是時間，而是如何更有效地分配和利用時間。**

在我看來，所謂時間管理，簡要地說，就是按照自己的人

生願景，或某一階段的目標，以及根據事情的輕重緩急，優化自己的時間安排，更有效率地做事。學會時間管理，你就知道哪些事該立即做，哪些事可延後做；哪些事要專注地做，哪些事可委託他人去做。

時間管理，看起來簡單，但真正要做好非常不容易。正是因為這樣，人們對時間管理進行研究，不僅產生了理論和理念，也創造了很多方法和工具，比如專門的軟件等，來幫助我們更好地管理時間。

作為大學生，我們當然需要重視時間管理。因為，從走入大學開始，我們就和中學時代完全不同。中學時代，大多數同學的時間都被課堂和老師布置的作業等占用了，自己能夠自由安排的時間並不多。而到了大學，自己能自由支配的時間很多，因此要逐步學會時間管理。能否合理安排和規劃自己的時間，決定了你大學學習的效果的好壞和未來發展空間的大小。

現代社會，所有人都很忙，都缺乏時間，都希望在有限的時間內，做更多有價值的事。大學生需要合理分配自己的時間，把時間充分利用起來，做一個高效能的學生。大學生的自我管理中非常重要的一點，就是對自己的時間進行管理。時間管理讓我們更好地利用時間，有利於實現自己大學階段的目標，從而順利走向社會。

時間管理的理念、方法不少，老徐建議大學生遵從時間管

理的一個基本方法，就是「記錄－排程－執行」。這是無數人去應用且行之有效的方法，也是國內外時間管理專家推崇的一個時間管理的框架。在老徐看來，這個框架對職場人士和大學生都具有實操價值。我在這裡簡要介紹「記錄－排程－執行」的方法。同學們若要用好這個方法，需要有一個較長的學習實踐過程。

所謂「記錄」，就是把自己腦海中出現的想做的事情，無論大事、小事，也無論複雜的事、簡單的事，全部收集記錄下來。這種記錄，可採用簡單的文字描述，寫在一張 A4 紙上，或者記錄在專門的 APP 軟件中。

我們所收集記錄下來的事情，有大有小，比較重大的事，如考研、購房，可以分解為一系列需要做的小事的集合；比較小的事，包括比如到文具店買幾個筆記本、到操場跑步等。我們把這些浮現在腦海中要做的事全部記錄下來，就相當於把大腦清空了，這個時候，人的焦慮就少了，就會感覺非常輕鬆。

相對來說，大學生要做的事情是比較單一的，其主要的時間安排就是在學習上，但同樣需要這樣的收集記錄的過程。只有把這些要做的事全部羅列出來，才有助於自己對其進行綜合評估，更好地選擇和安排要做的事。

當收集記錄的工作完成之後，就需要開始排程了。所謂「排程」，就是去分配和安排時間完成這些記錄的、待做的事情。

審視自己的人生，既有對自己的人生定位和終極的願景，也有三五年的中長遠計劃，或者半年至一年的中期安排，更有三到六個月的短期計劃，並且還有每日要做的事。我們隨時都要進行檢視和反思，來確定哪些事該做，哪些事情可延後甚至放棄等。

在排程中，特別要遵循「4D」原則，所謂「4D」，就是「Do, Delay, Delegate, Delete」，分別是「做、延後、委託、刪除」。我們對收集記錄的事情，按照不同時間維度，分別用「4D」原則對這些事進行分類，從而更輕鬆地應對我們的生活、學習和工作。

當下對自己非常重要且擺在自己面前的事情，我們應該毫不猶豫地選擇「Do」，就是立即做。事情做一項少一項，專注地把這些事情完成，是當下最要緊的任務。例如，學生認認真真地完成需要提交的專業課作業，這就是當下最重要的事。

有些事情，是你未來生活中憧憬的，例如，到非洲去看動物遷徙。這樣的事可能就要安排到未來某個機緣巧合的時候。這就歸類為「Delay」，即延後去做。

一個人要提高效率，或者在組織中要帶領團隊，只靠自己一個人去做是肯定不行的。若不會調動資源，你永遠無法放大自己的能力。正因為如此，我們需要學會「Delegate」，就是把事情委託他人去做。當然，你首先要找到你能夠委託的人，而且受託人是你能夠信任和督促的人。

要想成為未來的管理者或領導者，一定要學會委託，也就

是授權，否則，你永遠都難以擴大自己的格局。在團隊中，對於一個有經驗的管理者來說，有些事，自己能夠做且下屬也能做，自己做可能比下屬做效果更好。如果自己不做而讓下屬去做，並在關鍵時候指導下屬，讓下屬通過做事而獲得成就感，是一種高境界的「厚人薄己」。這樣的團隊的成員才能成長！

現代社會，人生要做的事，永遠做不完，學會有所不為才能有所為。學會放棄，也是一種能力。人一輩子，有很多事情可以放棄不做，把時間和精力放在對自己重要的事情上，就是我們說的「Delete」。

當一個人面臨選擇，猶豫不決的時候，要有這樣的信念：**「可做可不做的事不做，遲早要做的事早做」**，很多難以決斷的事，就好決斷了。

在排程中，有一個小技巧，就是對於要在一個階段內馬上要做的事情，需要在不同的「情景」下分別做不同的事。在碎片化的時間裡做一些瑣碎的事；需要自己專注地做的事，就在不受打擾的環境下做；需要在確定的時間做的事，就安排固定時間去做；需要做有時間彈性的事，就靈活安排時間去做。這樣才能節約我們的時間。現在手機上有一些應用程序可以幫助我們進行時間規劃，例如 Omnifocus 和 Calendars，前者可用於設置在不同情境下做不同的事，後者用於記錄固定時間要做的事。不過，這兩款應用程序目前只能在蘋果手機上使用。

排程的方法若應用得好，能夠幫助同學們更合理地安排自己該做的事。

排程之後就是「執行」了。所謂「執行」，就是專注地做好排程中確定要做的事。大家可以使用「番茄鐘」等工具，協助自己專注地做事。

真要專注地、高效能地做事，並不是一件容易的事，因為一個人很容易被打擾。學生可能受到同學或電話等干擾；同樣，職場人士在做事時，一會兒電話來了，一會兒同事找你商量事情，或者領導吩咐你做別的事，或者就是自己倦怠，想翻翻手機看看微信，注意力就轉移了，效率自然就降下來了。

對於防止電話干擾，不同人採取了不同的方法。記得知名的管理學教授陳春花老師曾經說過，她為了專注寫作，有一段時間，在名片上註明自己手機的開機時間。對職場人士來說，同事和領導時不時找你而使你受到打擾，的確是一個較難解決的問題。如果是我的話，我會提前到辦公室，不受打擾地提前把自己緊要的工作做完。

在校學習的大學生和職場人士所處的環境有所不同，而且要做的事相對單一，不過道理是一樣的。當你需要看書學習時，到教室或圖書館看書，而不是在寢室看書，就可避免被打擾了。

若感到自己在學習或工作中容易被打擾，或學習、工作時容易分心，可以採用「番茄鐘工作法」。所謂「番茄鐘」，就是一個倒計時時鐘，可以是實物的番茄鐘，也可以是手機上的應用程序番茄鐘，都可以用來督促自己專注工作。

一般來說，人的專注力難以持久，倒計時可以設置 25 分

鐘，在這 25 分鐘內，專注地做事，任何事都不要管，除非周邊失火了。25 分鐘之後，休息 5 分鐘，然後再進入 25 分鐘的學習或工作時間，又休息 5 分鐘。一般來說，4 個番茄鐘後，休息半小時，比較合適。專注地做事，可以大幅度地提高學習和工作效率。

很多自控力不足的朋友，使用番茄鐘效果很好。我一位朋友說，她孩子讀初一，用番茄鐘後，做作業速度明顯加快。學生若要避免用手機刷微信等可能影響你專注學習的情況，使用番茄鐘效果不錯。

實物番茄鐘有「滴答」聲，我覺得能夠提醒我專注工作，而有的人可能不適應，而且在同一辦公室工作或自習室學習的人採用這種方法，可能會干擾別人。採用手機上的應用程序可以設置番茄鐘不發出「滴答」聲，前提是你不會受到手機的干擾。

上面介紹了時間管理的「記錄－排程－執行」方法。那大學生要怎麼做好時間管理，才能更好地把握大學時光呢？老徐給大家提點建議。

從時間維度出發，來思考自己的大學時光該怎麼度過。我們希望成為一個什麼樣的人，需要做哪些事？一個月能做什麼？一學期能做什麼？大學四年能做什麼？

縱觀四年的大學時光，你在大一的時候，可能還是懵懵懂懂的。沒有關係，當你想不清楚的時候，就像我之前說過的，

把時間用到英語和數學這兩門課程的學習上；同時，在這個階段好好想一想，未來想做什麼，至少確定一個大致的方向。若思考得比較透澈了，就用「記錄」和「排程」的方式，厘清自己要做的事。

到了大二、大三，就要好好地「執行」，**專注地圍繞自己該做的事，做知識準備、能力準備**。大二、大三往往是專業核心課程的學習時期，你一定要在自己若干專業課程中，選擇一兩門課程，認真挖掘、真正吃透，成為這個細分領域的「專家」。

到了大四的時候，因為你的專注、你的認真、你的付出，你就比別人在許多方面勝出一籌。無論是考研，還是申請就業崗位，你都會比別人更從容淡定。

你要把自己的每一週、每一天，甚至每一個小時都利用好。早睡早起，每天早上起來之後，一定要吃早餐，因為你的健康狀況需要自己持續的維護。每天早上，找出一天中最需要做的事情，一般三件左右，把它們當作「青蛙」給「吃掉」（這一說法最早來源於馬克·吐溫），也就是認真專注地完成要緊的事。

這些「青蛙」可以是要完成的專業課作業、要記憶的英語單詞、要閱讀的一本專業書、要撰寫的演講稿，等等。每天都堅持「吃青蛙」。一兩天可能沒有什麼變化，但是三年或四年後，你和別的同學相比，就有較大的差別了。

大學生在一個群體中生活，放鬆或者偶爾放縱一下，包括喝點小酒、不得已「翹課」一兩次都是可以理解的。但是，一定要收放自如、不忘初心，圍繞自己的目標前行。

♯延伸閱讀♯葉武濱老師「時間管理100講」免費課，值得同學們反覆聽

互聯網廣泛地應用於各個領域，並且移動終端逐步取代電腦桌面終端，為我們的工作和生活帶來了方便。但是由於各種社交工具的廣泛使用，特別是即時通訊軟件的普及，比如手機QQ、微信、微博、陌陌等的使用，人們每天花費在這上面的時間越來越多，幾乎「綁架」了我們的生活。

在課堂上，有的學生常常拿出手機，聊天、刷微博、網購等。手機雖然方便了同學之間的溝通交流，但也干擾了正常的學習。

不過，事物總是兩面的，很多知識是可以在網絡上學到的。網絡上有「跟誰學」課程，有「喜馬拉雅FM」音頻廣播等。這些課程都可以用電腦或手機為媒介進行學習，為我們打開一扇新的窗戶，感受外面的世界。在這裡，給各位特別推薦在「喜馬拉雅FM」音頻廣播上的免費課程，葉武濱老師的「時間管理100講」，值得大學生認真去聽。

葉武濱老師的「時間管理100講」，不僅僅是教你如何管理好時間，更重要的是幫助大家重塑全新的生活方式，保持一個積極的生活和工作態度；遇到任何困難，永遠想下一步該做什麼，如何尋找解決辦法，而不是被問題所困。這對我們大學生而言，能夠幫助我們積極進取，更好地把握大學時光。

同學們要收聽葉老師的「時間管理100講」，可以下載應用程序「喜馬拉雅FM」，搜索「時間管理100講」即可收聽。

如何花錢和掙錢，挺讓人困惑的

> 商業價值觀決定了你是否能掌控財富。樹立健康的商業價值觀，人生才能走得從容。
>
> ——大偉

按理說，我們這個篇章討論的話題，雖然更適合大學畢業生去認真思考，但在大學求學期間，培養比較理性的個人消費習慣，逐步樹立正確的商業價值觀，有利於學子們在未來的生活中更加從容，人生之路更加順暢。

現代社會是一個商業社會，許多人追求物質利益，為此，有人缺乏底線，也有人對賺錢嗤之以鼻。其實，正確地理解商業，樹立正確的商業價值觀，是大學生的必備素養。大學生只有正確地理解商業，樹立正確的商業價值觀，才能從容面對社

會，在全球競爭環境和社會競爭壓力下正確地前行。

亞當・斯密的經典著作《國富論》，為人類社會詮釋了「看不見的手」對人類社會經濟和科學技術發展的促進作用。市場經濟通過價格槓桿自發配置社會資源，人類社會通過這個手段創造了豐富的物質資源。毫無疑問，若沒有社會分工、沒有商品交換、沒有貨幣、沒有金融手段，人類社會就難以進步、效率低下、物資匱乏。

有一本書被列入全球幾百所大學的管理類專業的必備教科書，叫作《認識商業》（*Understanding Business*），已被臺灣地區的學者翻譯為中文。讀者對此好評如潮。

同樣，作為大學生的你，不管是學什麼專業的，我認為，都應該有一個基本的商業理解力，樹立一個正確的商業價值觀。否則，你在進入社會之後，會產生諸多困惑。而恰恰對這些基本的商業常識，許多大學生瞭解甚少，比如有企業管理專業的準研究生不知道企業的「有限責任」的內涵；現實中，有「80後」的大學畢業生自身經濟條件並不寬裕，卻說「自己對掙錢不是很在乎」，其實是他們不好意思公開表達自己想通過努力，合理合法地賺錢的想法。

人是自利的，但應該有商業底線。雖然我們都不是聖人，也沒有聖人。我們要遵守商業規則，缺乏商業底線是不誠信的，未來也不會有好的發展。呆滯刻板地理解商業，也會讓你處處碰壁。

老徐認為，理解商業和樹立正確的商業價值觀是所有人都

無法迴避的一件事。所謂理解商業，就是理解社會分工和價值交換是創造社會財富的路徑。**商業價值觀就是一個人對於商業的認識和對財富的理解，是其認可和遵守的獲取利益和財富的方式及行為準則。樹立正確的商業價值觀就是以正確的方式去追求和獲取財富，並學會正確地利用財富。**

大學生要理解貨幣，理解金融，理解財富是什麼，財富的載體是什麼；要知道為什麼房價這麼高，為什麼在職場上的薪酬趕不上房價的上升幅度；面對高漲的房價，畢業後如何應對等諸多與現實緊密相關的商業問題。

在各類哺乳動物中，再凶猛的獸類，也無法為自己儲存足夠的食物，所以需要不斷地捕食，直到終老。而人和其他物種不同，人類社會發展到今天，由於生產力快速發展，人類創造的財富是以某種方式為載體而存在的。人類創造的財富是可以傳承下去的。

以前，人類繁衍後代的目的之一，是當一個人衰老而喪失勞動力之後，後代可以為上一代養老。而現代社會，人口結構發生了很大變化，只把養老寄托在下一代身上，會帶來很大壓力。為此，需要我們為自己儲備更多的財富。

財富管理，是我們畢業後必須具備的一種意識和能力。在大學時代，我們多是從父母那裡得到資助，完成學業。但至少我們要學會如何合理安排自己的生活費，學習、生活、娛樂各方面的花費盡可能做到合理，有意識地培養自己的財富意識。

正確看待財富，正確地累積和享用財富，能讓我們的人生過得瀟灑。這種正確的財富意識，需要我們在大學時代就有意識地培養。第一步要做到花費適度，合理安排自己的生活開銷。

作為普通老百姓的子女，我們每個月從父母那裡得到的錢是有限的。即使家裡足夠殷實，也沒有必要大手大腳地花錢。任何人都應該學會尊重財富。

我們看到，Facebook的創辦人扎克伯格作為全世界最富有的人之一，其花費也是有限的。

作為普通的大學生，在每個月的生活開銷中，我們要留有足夠的錢，讓自己的三餐營養充足，再考慮學習上的花費，包括購買你喜歡的書籍等。當然，也要適度用些錢在自己的娛樂生活上，以及和同學之間的交往上。那些把錢過多地用來購買滿足一時虛榮的奢侈品等，是不理性的，也是不成熟的表現。因為，這種消費方式，會讓自己的生活捉襟見肘。自律，從自己的花費開始。當然老徐不主張過於節儉。因為，我們身處的時代，貨幣貶值的速度較快，不必刻意通過節儉來積蓄貨幣。過度節儉從某種程度上來說，也是沒有經濟頭腦的表現。

大學生要正確地看待財富和金錢，既不要過度追求金錢，也不要對金錢嗤之以鼻。大學生要認識到通過自己的努力獲得的合理、合法的財富和金錢的感受是最美妙的！

人天然是自利的，這是由人的本性所決定的。但我們既要關愛自己，也要關愛你身邊的親人和朋友，對周遭陌生人也要

保持友善之心，並且要有社會責任感。但是也不要矯枉過正，試想一下，若一個人對自己都不關愛，怎麼能夠關愛他人？

自利的同時，人要遵守規則，遵守契約，做事情要在法律框架下，進一步的要求是符合道德規範。只要**大家都遵守契約，各自利己的行為，客觀上就是利他**。就如一家企業，只要做事符合法律和道德規範，不是依靠不正當競爭去攫取利潤，這家企業掙錢越多，就說明滿足社會需求越大，這家企業對社會的貢獻就越大。作為個體的人也是這樣的，要明白一個道理，只要不是依靠不法手段，在符合法律和道德框架的前提下，掙錢越多，越光榮！

大學生畢業後首先要逐步學會在經濟上獨立。無論你的家庭的經濟狀況如何，都要盡可能依靠自己的智慧和奮鬥，在這個社會上生存。一個大學畢業生，學會養活自己，是對自己和家庭的最基本的責任。

讀大學、讀碩士、讀博士，或者出國留學，都要評估這些可能需要花費家人多少錢，給家人帶來的經濟壓力大不大。讀大學，不僅花費不菲，同時還存在一定的「機會成本」。所謂機會成本，就是因讀書而放棄的別的賺錢機會。這樣的成本有時候是巨大的。所以說，決定是否繼續深造，還要從經濟層面進行綜合考慮。

有一位和我十分熟悉的同學，十多年前在讀大學期間，先後兩次分別花費萬餘元購買了兩臺筆記本電腦（第二次購買是

因為第一臺筆記本電腦被盜），而其父母只是普通工薪人士。這位同學就做得非常不妥，雖然他人很善良，人品也很好，但當時他缺乏一種換位思考和替父母著想的責任心，而且也不懂得如何把錢用在刀刃上。

建議大學生在就業時，不要太看重短期工作薪酬，要重點考慮職業發展對自己能力的提升和經驗的累積是否有利。不過，如果在年輕時，就能夠有較高的收入，對增加自己的自信心還是很有好處的。所謂「視金錢如糞土」「不太看重錢」是一種矯情。當然，人要有大的格局觀，眼裡不能僅僅容得下錢。大學生努力學習、工作、奮鬥，在陽光下掙錢，多多地掙錢，摒棄狹隘的金錢觀，是值得鼓勵的！

市場經濟環境下，任何商品或服務都是通過市場進行交換的，銷售是商品價值得到認可的途徑。銷售是非常重要且富有挑戰的工作，作為一名大學生，你要好好理解銷售。銷售是商業社會最基本也是最重要的一環。

銷售，不是讓對方因為同情你而買你的東西，銷售是為對方提供價值。**要站在客戶角度，為客戶帶來利益，你的銷售才可能實現**。銷售者要學會換位思考，學會從對方的角度看問題，找到對方的「痛點」所在。所以，會銷售是一種智慧，並且銷售也是一種體力活，讓你學會耐心，學會謙卑。無論你未來希望從事什麼崗位，做一兩年銷售工作，對你的能力提升和成長是大有裨益的。而且，從廣義的層面上看，我們所有的人都需

要銷售。假如你是一名設計人員，你需要把你的設計思路告訴團隊，告訴甲方，讓別人接受你的思想。其實從某種意義上理解，這也是一種銷售行為。

和銷售（sale）有一個緊密相關的一個詞語營銷（marketing），兩者是相似的，但重心不同。銷售是研究怎麼把你的產品賣出去，而營銷是研究怎麼讓你的產品好賣。換句話說，**銷售是根據產品價值去尋找客戶，而營銷是根據客戶的需求去做產品**。我們既要會銷售，更要懂得營銷。

在現實社會中，真正會做銷售的從業者，一定是高收入的人。雖然說，一個人剛剛入職做銷售的時候，特別是在推銷的時候，可能會遭受白眼，若放棄，你在這方面就永遠也得不到成長。我在這裡不是說讓同學們都去做銷售，而是要正確地理解銷售。在社會階層相對固化的今天，**做一個「會銷售的人」，有利於提高你實現階層跨越的可能性**。上市企業力帆實業（集團）股份有限公司，其現任董事長牟剛先生，在大學畢業時，就是從外貿業務員起步，逐步做到今天這個位置上的。

大學生作為一個年輕的、有知識的群體，走入社會後逐步成長，終究會成為社會的中堅力量。未來的財富都是屬於年輕一代的。按照目前全世界的生產力發展水平，按理來說人都不會因食不果腹、居無定所而死亡，但人類社會創造出來的財富的分配是極不均衡的，而且永遠不可能，也沒必要完全均衡，擁有更多的財富是人們孜孜不倦的追求。

如果人們創造出來的財富超過了人們的基本需求，多出來的財富就必然以某種「載體」而存在。這些財富的載體包括貨幣、房屋、股權、黃金、珠寶玉器和名家字畫等。所有這些財富都是有泡沫的，但是只要經濟平穩運行，泡沫就不會破滅。

現實的情況是，普通人家的財富是有限的，從平民家庭走出來的大學生們，在面臨擇業、戀愛、婚姻時，會有較大的經濟壓力；特別是當你需要在一個城市安家的時候，若沒有原生家庭為你打下的基礎，幫你買一個屬於你自己的居所，買房可能會成為年輕一代巨大壓力的來源，甚至會影響你的價值觀！現在的「喪文化」在一些年輕人中流行，其成因中就有現實的生存壓力挫敗年輕人鬥志這一因素。

認真思考一個人的一生，一定要記住不忘初心！其實，一個人最有價值的東西是健康的身體和在社會上的生存能力。作為大學生的我們應該有這樣的智慧。除了關注和追求物質財富之外，更要注重自身的健康，不要屈服於暫時的經濟窘境。**和人的生命一樣，財富也不是永恆的。一個人來到這個世界，享受快樂，體驗人生百態，才不至於枉過一生！**

大學生們在走向社會的時候，要有累積個人和家庭財富的意識，懂得理財、懂得資產配置。基於中國目前的現實狀況，老徐在這裡簡單談一談買房的話題，因為這是大學畢業生可能會面臨的一個現實話題！

自從中央和地方實行分稅制後，土地出讓金就成為地方政府財政收入的重要來源。正是這樣，雖然國家怕房價持續大幅

度上漲導致泡沫越來越多，從而產生危及國家的金融風險，因此需要調控房價。但地方政府在這個問題上扮演的角色有些尷尬，因為政府是市場上唯一合法的土地供應者，地方財政等有賴於此，房價的大幅降低也會帶來很多問題。這些年來，因擴張性的財政政策，人民幣購買力的貶值壓力一直持續存在。再加上證券市場最初被定位為企業的融資平臺而不是配置社會資金的投資渠道，民眾的閒錢更容易往房地產市場投，所以房價特別是一線城市的房價在一定時期內可能不會下降。

大學畢業生若自己或家庭有相應經濟能力，要買房是一種正常的行為。但是，若傾其一生及家族的積蓄，都難以在一線大城市買房，還是慎重為好！一位「90後」創業者、北京大學畢業生、喜馬拉雅廣播的音頻主播孫宇晨先生的觀點是，「不買房，不買車」，還是有一定的道理。未來有很多不可預知的東西，以前大家都認為，石油是不可再生的資源，很快就會枯竭，價格會一直漲下去，現在的狀況卻剛好相反。

老徐之所以談到大學生未來的生活，是因為一個人的商業價值觀從大學時代就應該逐步形成，並貫穿到一個人的一生中。正是因為大學生們未來的路千差萬別，可能充滿荊棘，所以我們大學生應該全方位地拓展自己的視野，包括對財富、對商業規則和對商業意識有一個理性的認識。

對於即將畢業的大學生來說，可能現實並不如意，即使眼前面臨的都是苟且，我們仍然要追求自己的詩歌和遠方！理想一定不能被眼前的苟且綁架！只要我們心懷夢想並為之而持續

努力，我們終究有屬於自己的詩和遠方！

♯延伸閱讀♯ 在「大眾創業、萬眾創新」背景下，擺正自己的心態

自從 2014 年 9 月在達沃斯論壇上，我們的領導人提出了「大眾創業、萬眾創新」，就在 960 萬平方千米的土地上掀起了「大眾創業」「草根創業」的新浪潮，形成「萬眾創新」「人人創新」的新勢態。政府希望通過「雙創」激發民族的創業精神和創新基因。2015 年的政府工作報告指出，推動「大眾創業、萬眾創新」，「既可以擴大就業、增加居民收入，又有利於促進社會縱向流動和公平正義」。

政府力圖通過「雙創」活動，讓經濟「活起來、動起來」，讓人們在創造財富的過程中，更好地實現精神追求和自身價值；讓人力資源轉化為人力資本，更好地發揮中國人力資源雄厚的優勢。從全社會來看，「雙創」等活動，有利於鼓勵全社會勇於創造，大力解放和發展生產力，在最大範圍內推動人、財、物等各種市場要素自由流動；有助於各種新產業、新模式、新業態不斷湧現，能夠激發社會活力、釋放創造力，有助於推動經濟發展。

近年來，互聯網的網絡速度大幅提升，移動通信終端廣泛普及，生產管理的自動化程度提高，各種新興技術尤其是「互聯網＋」的快速發展，已經讓普通人有了更多的創新創業機會。風險投資的發展，也有助於形成風險共擔、利益分享機制，給

有夢想、有意願、有能力的人提供了新的機會和平臺，類似阿里巴巴等世界級企業，都是從草根起家，不斷堅持創新和創業而成功崛起的。

由於中國是一個政府影響力巨大的社會，各級政府部門為貫徹落實「雙創」活動，制定了有一些舉措鼓勵「雙創」，比如鼓勵大學生融入「大眾創業、萬眾創新」的活動中。不少大學生都躍躍欲試，回應這一號召。有少數學生花費了大量精力，甚至父母多年的積蓄去創業，雖然有成功者，但失敗的不在少數。

老徐認為，創新體現在兩個方面：一個是科學技術層面的創新；另一個是商業模式的創新，而商業模式的創新，可能更需要通過創業而實現。學生首先要扎紮實實學好知識和技術，未來從技術層面上去努力探索，也是一種創新；在大學學習階段的創業往往是對商業領域的探索，他們創業時投入的資源，包括個人巨大的精力和資金，而資金可能多半來自於家庭的積蓄。創新和創業面對的是巨大的不確定性，都存在較大的風險，而這種風險的承受力因人而異，對於多數學生來說，可能會影響其正常的學習和生活。

我們都知道，劉強東通過創辦京東取得了巨大的成功。不過，很多人不知道的是，劉強東在中國人民大學讀書的時候，他也嘗試過創業。劉強東在大二和大三的時候，通過幫別人編程序、寫代碼等兼職工作，掙了不少錢。之後，劉強東在大四投資了一家餐館。由於沒有社會經驗，他不知道怎麼營運和管理餐館，雖然自己對餐館員工很好，卻被員工串通起來，把餐

館做垮了，最後虧得一塌糊塗。他自己說，大學畢業的時候，還欠了 20 多萬元債，並且這些錢都是通過家裡借的。

好在劉強東毫不氣餒，畢業後先在一家日資企業打工，後來再尋找機會自己創業，逐步成就了一番事業。我認為，從劉強東的個人稟賦來看，他的個性就是一位天生的創業者性格。一般的同學，在校期間，若欠債 20 多萬，會背負巨大的精神壓力，要知道在 20 世紀 90 年代，20 多萬的欠債可是一筆不小的數目，若心理承受能力不足的同學，可能面臨心理崩潰的問題。記得重慶有位「211」院校的畢業生給我說，他在創業失敗的時候，由於面對一大堆債務，想死的心都有了。在校大學生，憑個人的意志力要挑戰這樣的困難，是一件不容易的事。

對於絕大多數同學來說，在校期間，需要把更多的精力放到專業學習中，可以為畢業後的工作或創業做一些準備。如果在人脈資源、資金能力不足的情況下，貿然投資創業，可能會把自己或家人帶入巨大的困境！

PART4
畢業前的
思考和選擇

　　菁菁校園，留下了三年、四年或五年的足跡，就要和大學說分手了！

　　無論你是「假裝讀大學」或是「認真讀大學」，都要思考你的未來在哪裡。

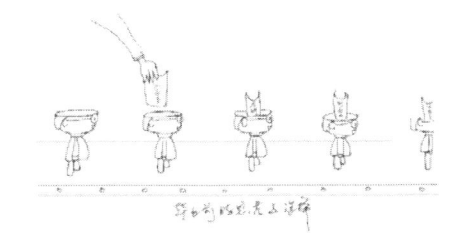

畢業論文的撰寫令人苦惱

> 撰寫畢業論文，其實就是把知識轉變為能力的訓練。看你的一篇畢業論文或設計，就知道你在學習上有幾斤幾兩。
>
> ——大偉

學生在大學期間的最後一個學習環節就是撰寫畢業論文或做畢業設計，並且進行畢業論文或設計的答辯。按照學生培養方案的要求，畢業論文的撰寫至少需要半學期的時間。在大學的大四這一學年，第一學期會安排一定的實習任務，只有少量的課程；最後一個學期基本上沒有課堂教學任務，主要的任務就是撰寫畢業論文。畢業論文答辯通常安排在每年的五月份。

從教學安排上看，畢業論文從準備到答辯的時間還是蠻充裕的。但多年來，在實際教學過程中，完成這個教學環節對學

生和對老師來說，都是一件比較痛苦的事。幾年前甚至有人呼籲，由於畢業論文的形式主義太重，實際效果欠佳，應取消畢業論文的撰寫。

在老徐看來，相對而言，不少理工科學生要完成畢業設計的教學環節，需要在實驗室做實驗，並獲得相應的實驗結果，學生經歷這些學習過程，還是有不少收穫的；還有類似藝術設計等專業，也需要花費大量時間去完成相應的作品，所有這些努力都會讓學生有不少收穫；比較麻煩的是，經濟管理類專業、人文社科類專業的學生，在畢業論文撰寫過程中，既不需要泡在實驗室做實驗，也不需要去完成一件實實在在的設計作品，他們撰寫的畢業論文更容易流於形式。

畢業論文這一方式存在一定的問題是事實，但是這是教學過程中必不可少的一個環節。在老徐看來，從某種意義上說，**學生撰寫畢業論文或完成畢業設計，是讓學生把所學知識轉變為能力的一種訓練，能體現學生的知識整合能力、分析能力和文字表達能力**。在這個學習過程中，認真付出是有價值的。

從畢業論文這個教學設計來看，畢業論文撰寫前，首先要尋找一個合適的選題；確定選題之後，再查詢資料，分析思考，確定研究思路，並撰寫開題報告，進行開題答辯；開題答辯通過之後再正式撰寫畢業論文。畢業論文一般要求用 8 周左右的時間完成撰寫，期間，會要求學生不斷和老師交流，得到老師的指導，逐步完成一稿、二稿等，再確定終稿。

值得一提的是，撰寫畢業論文需要查詢相應的研究資料，

以及相應領域的研究論文等。過去我們都是查詢紙質資料，但現在電子化的期刊數據庫給我們提供了很大的方便。一般的學校，或多或少都購買了不同種類的學術期刊數據庫，檢索效率非常高。同學們查詢學術期刊數據庫，需要用校園網查詢，因為所有期刊的數據庫版權提供方都會限定查詢的IP地址，在校外是查詢不到的。有些遺憾的是，這幾年，老徐發現很多同學都不怎麼使用這些期刊數據庫，而喜歡用搜索引擎查詢。過去在谷歌學術上還能查詢到一些期刊論文，現在因谷歌使用不便，一些學生就使用百度查詢。可以說，這種做法對學生來說，沒有達到基本的學術訓練的目的。

畢業論文的思路和文字，都要求學生自己完成，不得抄襲別人的論著。因此，為避免學生可能出現的抄襲行為，所有學生提交的畢業論文都要求提交「查重」報告。所謂「查重」，就是通過軟件系統查找該論文和之前軟件系統中已收集的論著的文字重合率，文字重合率過高是不行的，會被認定為學術不端行為，甚至直接認定為抄襲。學校教學管理部門還會對學生提交的畢業論文的電子稿進行抽查，發現抄襲行為，就會直接評判該篇論文為不及格。只有當這些審查通過了，指導老師和評閱老師對論文進行評閱後，學生才能參加畢業論文答辯。

從上面的描述，我們看到，畢業論文的整個教學設計是比較完備的，但為什麼不少同學會覺得完成這件事痛苦不堪，而且畢業論文質量差強人意呢？

在老徐看來，導致畢業論文教學效果差強人意的原因有兩個：第一，多數本科生的綜合學習素養還不能完全達到撰寫畢業論文應有的要求；第二，因為學生現實的狀況，導致多數學生不太重視畢業論文的撰寫。

關於對第一點的判斷，我主要是基於對經濟管理類、人文社科類專業的學生而言的，因為我接觸這類學生更多。雖然老徐讀本科時學的是數學，但多年來，長期在管理學院擔任老師，與經濟管理和人文社科類專業的學生接觸更多一些，對他們的情況相對更瞭解。

老徐認為，一些學生在思維層面上有欠缺。多數學生在中小學階段，學習多是通過記憶、背誦來完成的，缺乏對發現問題、分析問題和解決問題的能力方面的訓練。到了大學，這種固有的思維模式沒有得到根本性的改變，而且大學的課程體系也缺乏對思考和寫作方面的訓練。還有一個尷尬的現實就是，現在的社會輿論環境引導的是懂規矩、聽話、不惹麻煩，有時候一個人思考多了，可能會給自己帶來困惑。

做畢業論文涉及文字撰寫，一些同學的文字表達能力差強人意。學生在大學期間，真正動筆寫東西來表達自己的思想和進行信息輸出的機會是比較少的。因此，同學們一旦要寫作，似乎就難以下手，複製、粘貼和拼湊就是常用的手段。在論文撰寫過程中，能夠在鍵盤上逐字逐句地敲出自己構思的內容的學生真還不多。老徐觀察到，即使是研究生的畢業論文，也有人是採用複製粘貼的方式拼湊出來的。

另外，一些同學不重視畢業論文的撰寫。因為在這期間，一部分同學忙於找工作和在校外打工，另一部分同學忙於準備研究生入學考試。因為找工作或者準備研究生入學考試是更現實的問題，導致很多同學以一種應付的心態去完成畢業論文。

當然，學校老師的指導也存在問題。真要完成一篇像模像樣的論文，師生需要花費的工夫可不會少，嚴格地按照流程來做，成為幾乎難以完成的工作。比如，就我觀察到的情況而言，真正進行選題論證、完整舉行開題答辯，嚴格按照這樣的程序做的院系，真還不多。當然，有時候，這是因為教師已經被很多無關教學的任務壓得喘不過氣來了。

以上這些因素的疊加，最終導致了不少人的畢業論文質量不佳。

現在的用人單位，在遴選應聘者時，一般都不會關注一個學生的畢業論文。其實，我倒認為，畢業論文的質量是一名大學畢業生學習能力和學習素養的綜合體現。如果我是企業的人力資源管理者，我可能會要求審閱應聘者的畢業論文。我只要把一名應聘者的畢業論文及其相關附件完整地看一看，就基本上能夠知道這位學生的學習能力、學習效果和學習態度的基本情況。

老徐認為，一名大學生一定要安排足夠的時間來撰寫自己的畢業論文，把畢業論文的撰寫當成一項嚴肅的工作來做。其

實很多事都有相通之處，你若能夠做好一篇畢業論文，未來在企業工作，遇到類似的工作如為企業撰寫項目標書也會上手很快。能否做好一篇畢業論文，也是檢驗你學習能力高低的一種方式。認認真真地撰寫一篇畢業論文，是你彌補自己思辨能力不足、文字表達能力欠佳的最好方式。由於在過去的教學過程中存在的不足，以及一些別的原因，導致大學學習期間思考能力、思辨精神欠缺，這正是需要大學生彌補的短板。完成畢業論文有利於彌補這一短板。

♯延伸閱讀♯ 畢業論文答辯的小技巧

畢業論文答辯環節，就是一幫老師給你的論文「找茬」的過程。多數學生在答辯的時候很緊張，甚至有時候被老師「罵」得很尷尬。既然已經走到答辯這一步，無論你以前花費了多少心思，論文質量如何，答辯的時候都要認真對待。

首先，你要把自己撰寫的論文好好地讀一遍，把你在論文中呈現的內容、使用的術語搞清楚。老徐曾經多次都遇到這樣的尷尬場面，把學生自己論文中的一些話、一些術語和觀點找出來，讓學生回答，居然答辯的學生對此一問三不知。這就可以肯定地判斷，這位學生的論文是抄襲的，嚴格地說，就該立即判定這篇論文不及格。

其次，要把自己論文的研究背景、基本觀點、論證過程、研究結論等梳理一遍，然後形成 PPT 之類的演示文稿；在答辯

之前，準備好自述的材料，給答辯教師介紹的時候，最好脫稿進行論文自述，即使不能脫稿，也不要完全照著稿件念，一定要面對老師，目光和老師有所交流。當然，有時候，有少數老師答辯之前並沒有提前閱讀你的論文，可能你自述的時候，他正忙著閱讀你的論文。如果遇到這種情況，就是老師的不對了。

最後，答辯的時候，遇到老師的質疑，可以解釋，但不要和老師對立和發生爭論。因為，從知識背景來說，你肯定還是不如老師的；並且，人都不是聖人，在這個時候，老師也是要面子的，如果答辯時，你和老師對立，吃虧的是你自己。

總之，論文答辯和你今後參加工作，為拿到項目或工程的投標答辯是相似的。因此這樣的訓練，總是有價值的。

大家都在考公務員，
自己也要考嗎

　　在 1992 年的下海熱潮中，很多人離開了公務員體系；近十多年來，不少人覺得公務員旱澇保收，實惠不少，考公務員又成了熱潮；2012 年之後，情況在慢慢發生變化。看清社會發展的趨勢，才能夠進行明智的選擇！

——大偉

　　在校園裡，不少有較強自我意識的同學，都在思考畢業之後做什麼。如果說大學生是人才，也只能算是人才的雛形，若在校期間不按職業化的要求督促自己，一旦走入社會時，就感覺比較惶恐。在求學期間，具有職業化心態的學生可能還真不多。

　　在大學的幾年時間裡，象牙塔內的學子，還沒感受到職

場競爭的壓力，和同時期在社會上打拼的同齡人比，他們在一些人情世故、為人處世方面的歷練，就顯得有些不足。一些即將踏入社會的同學，在問題分析、語言表達和獨立思考等方面還有些不足，並且對技能性的東西也沒有完全掌握，要適應職場，需要有一個較長的過程。

由於對職場競爭不夠自信，目前不少學生都願意去報考公務員，因此其成為最熱門的職業。大學生畢業報考公務員成為潮流，到前幾年達到頂點，這兩年稍有回落。

如果同學們今後要想走公務員序列的職業發展道路，可能在大學期間就要考慮積極向黨組織靠攏，爭取在讀大學時加入黨組織。當然，一個大學生有這樣的理想是值得肯定的，大膽去努力就是了。我也提到過，不少崗位設置，只有黨員才有入職資格，例如高校的輔導員，一定要是黨員，不是黨員根本沒有機會。為了順利加入黨組織，除了需要在很多方面表現積極之外，也需要和自己的輔導員老師，以及分管學生工作的副書記等多溝通，讓他們認可你。

我指導過的一名已畢業兩年的研究生，在國內一家非常知名的公務員培訓機構擔任培訓老師。我從他那裡獲得兩條信息，一是大部分即將畢業的大學生都有過考公務員的打算，並且為此而努力過；二是他服務的這家機構的年營業額和新東方教育集團是一個數量級的。

報考公務員的人那麼多，這個職業真有這麼好嗎？真得好好

想想，大學畢業當公務員，是你想要的嗎？當公務員適合你嗎？

在人們的心目中，公務員是一個非常好的職業。他們看到的是職業穩定、職業聲望較高、收入有保障；而且容易建立較為廣闊的人脈資源，辦事方便，還常常有一些額外的收入；未來可能晉升當官員，職業前途無可限量。

大家看到的情況似乎和真實的情況差不多。前些年，不少政府機關的工作人員，的確有一些額外的收入，部分崗位的工作壓力也不大。但是最近幾年開始，國家對公務員工作的要求越來越嚴格，尤其是「八項規定」頒布之後，公務員的壓力也比以往更大了。這是大學生在當公務員之前就要做好心理準備的。

大部分人追求穩定、有保障的工作的心理，使公務員成為一個熱門職業，這是可以理解的。

從中國現實的社會狀況出發，中國共產黨是中國的唯一執政黨，黨的幹部都是納入公務員系統的；我們實行的是民主集中制，能夠集中力量辦大事。有權力就一定有吸引力，當公務員可以獲得相應的權力，人們當然會如潮水般去考公務員。

公務員的「五險一金」和其他一些福利如醫療等，都是有保障的，加上公務員系統是和權力聯繫在一起的，容易建立較好的人脈資源。因此對大學生有很大的吸引力。

不過大學生還是要用發展的眼光看問題。要知道，在一個社會中，若大家都熱衷於當公務員，這個社會一定是缺乏活力

的。因為公務員系統運行的目的是政府為社會提供公共服務，公務員體系的運行邏輯是權力邏輯而不是市場邏輯。一個社會的發展，需要許多優秀的人才去做研究，或者去創新創業，為社會創造財富，這樣的社會才有活力。企業興，社會興；企業衰，社會衰。如果有一些基本的經濟學常識就知道這個道理。人類社會始終是向前發展的，雖然有曲折，但一定是螺旋式前進的。從長遠看，人才都湧向公務員系統，對社會發展而言，絕對不是長久之計。

這幾年，新的領導人上任之後，其執政理念等發生了不少變化。首先，公務員的額外收入大大減少了，包括一些隱性的便利也沒有了。比如，對副廳級及其以下的官員，上下班的公車接送都取消了。這說明，中國的公務員體系越來越規範了。

由於公務員工資是財政支付的，公務員體系自身只是提供公共服務而不是創造財富，因此不會實行高工資。公務員正常的薪酬並不高。記得我幾年前給MBA學生上課的時候，有幾個聽課的學生是來自重慶市區的公務員。他們抱怨說，自己一個月的收入滿打滿算也只有三四千元，而且還經常加班。可以說，在現在的公務員系統中，這樣的例子並不是少數。

在公務員體系中，大多數崗位都是比較繁忙的，甚至工作有些僵化刻板。你若是基層的公務員，需要服從領導的安排，大量的會議準備、會議記錄、文案撰寫、資料整理等枯燥的工

作，會消磨你的個性。每天忙於這些瑣碎而繁雜的工作，你需要有極強的耐心，來適應這樣的工作和生活。

在部分政府機構中會議很多。不少會議，出於儀式感方面的需要，不一定真的有價值。老徐曾經參加過很多會議，雖然有的會議還是有價值的，但個人覺得還有些會議套話講得比較多，而且我不太適應。當然，如果一個人比較適應那種話語體系的風格，喜歡那種模式的工作，去當公務員也是不錯的選擇。

從某種意義上說，當公務員在職業上存在一些潛在的風險，當然也有潛在的機會。若你就是基層的公務員，可能和權力的距離較遠，你平凡的工作和不起眼的收入，可能會令你有些沮喪，不過沒什麼誘惑比較安全。若你的工作比較顯眼，例如給領導人當秘書等，可能會產生一些權力，而且升遷的機會很大。但若自己所跟隨的領導出了問題，那麼也會給自己帶來很大的麻煩。在這種職業環境中，很多時候可能自己無法選擇，無法掌握自己的命運，這個道理各位同學要仔細想一想，再決定吧！

如果你確實有宏偉抱負，立志要成就一番大事業，通過為官，為民眾謀福祉；或者更進一步，你希望通過努力，在某個階段為實現中華民族的復興貢獻力量，而且在這個過程中，不會因為職業生涯中的某些紛爭而誤入歧途；最關鍵的是，你真的不是因個人的物質利益而走入職場的，而是想成就一番事業，那麼，你就可以大膽地、堅定不移地走公務員這條路。這也是一件非常自豪的事！

如果你只是覺得工作不好找，就業壓力大，公務員職業穩定，旱澇保收，才想進入公務員體系，而且在工作中沒有熱情，只是在慢慢混、慢慢熬，那我勸你還是謹慎為好。

因為你更看重的是工作的舒適性，物質保障的穩定性，而且對公務員成長過程中的各種會磨平你稜角的瑣碎工作和無奈缺乏足夠的認識，都可能會讓你感到非常痛苦。尤其是當你缺乏某種背景的時候，成長的機會也可能會少一些，而且薪資的增長可能與你想像的有較大差距。

在老徐看來，年輕的時候先實現經濟上的相對獨立，是一個比較好的途徑，為此大學生還是應該向市場靠攏。雖然說這幾年經濟下行，和一二十年前不可同日而語，而且創業或者在企業打拼，會遭遇各種困難，但經濟仍然是在繼續發展的，所以積極融入市場是一條可以選擇的路。當然，這樣的看法，是老徐的一家之言，僅供參考。

無論做什麼工作，在職場上要成為一個有話語權的人，一個比較理想的實現方式就是有一技之長，打造自己的核心競爭力。老徐正在指導的一名在校研究生，這兩年在拼命地準備註冊會計師的資格考試，去年就已經通過了三科考試。雖然說我對她的有些思維方式、處理問題的方式並不完全讚同，但我完全理解她，對她專注於考註冊會計師的行為也比較寬容。她作為一名沒有家世背景的普通學子，唯一的背景就是自己。若在研究生畢業時，能夠拿到註冊會計師資格證，她就有很大的機

會進入會計師事務所等單位工作。這樣的工作雖然辛苦，但是薪水一定不會太差。

若你在專業上沒有一技之長，那麼去做和人打交道的工作，做和銷售有關的工作也是一種選擇。正如我之前談到的那樣，銷售是一項高智力工作，需要你有多方面的能力。這種工作做好了，不愁沒有飯吃。善於和人打交道，也是你應該培養的核心能力。

年輕的大學生朋友們，不要把自己的職業選擇局限在考公務員一條道路上，至於如何選擇，需要你自己判斷。這個社會是多元的，條條大路通羅馬，眼光放寬一些吧！

♯延伸閱讀♯ 求職前適度參加一些職業培訓機構組織的培訓

不少大學生朋友在走向職場的過程中，為了提升自己的入職成功率，或者增加自己的職場競爭力，都會選擇參加一些社會上的職業技能培訓機構的培訓，這樣的學習的確有一定的作用。

我們中國人的市場敏銳度不錯，社會有什麼需求，就一定有人去發現這種需求，並提供相應的服務。而且中國人口基數大，一旦發現什麼需求，往往就容易形成一個巨大的市場。不過，若漫無目的，單純為了拿更多的證去參加培訓是沒有什麼價值的。例如，前幾年，人力資源和社會保障部設置的各種職業資格證，其中有些證沒有多少含金量，而且現在政府在逐步

取消一些職業資格證。

除了有一定含金量的職業資格證外，參加一些技能性的培訓還是有一定價值的。例如，在培訓業中，社會上存在著大量的英語學習需求，這些需求包括考托福、考GRE等，使新東方教育集團成為一家知名培訓機構。

新東方教育集團做了二十多年，大家都耳熟能詳。同樣，這些年來，社會上有大量的考公務員的培訓需求，催生了培訓行業中的一個細分產業，即公務員考試培訓，專做公務員考試培訓的機構也大量出現，中公教育就是這種培訓機構中的佼佼者。中公教育這家機構做了十多年，發展神速，其培訓體量和年銷售收入居然比肩新東方教育集團。雖然我勸大家對考公務員持謹慎態度，不過，還是因人而異，對確有志向報考公務員的同學來說，適當參加一些有針對性的培訓，為準備考公務員的大學生提高應試技巧，還是有一定幫助的。

順便介紹一下中公教育這家培訓機構，它是大學畢業生創辦的。創辦者是北京大學畢業的李永新，創業起初的經營理念是向大學生提供從入學到畢業的全過程、全方位服務。中公教育總部位於北京，直營分部覆蓋國內眾多城市，在全國擁有470家直營分部和旗艦學習中心，全國專用教學場地超過30萬平方米。該機構擁有6,000餘名專職授課教師，為面授和網校學員提供4,500餘種培訓課程。

說句實話，老徐看到以上的數據感到很震驚，這些數據從側面說明，大學生對公務員考試的培訓需求的確很大！

考不考研，這是一個問題

　　考研有點像人生經歷的第二次高考，能否改變命運？不同的人會給出不同的答案。

　　時代在變化，考研是在挑戰自我，還是迴避生活，只有你自己最明白！

——大偉

　　本科畢業繼續攻讀研究生也是大學畢業生的一種歸屬。考研，是大學校園裡出現的高頻詞，對於校園裡的很多同學來說，這是一個比較明確的奮鬥目標，也是一種上進的表現。

　　現在大學的碩士研究生培養，分為學術型碩士和專業碩士。一般來說，學術型碩士的培養目標是培養研究型人才，力圖讓研究生通過三年的學習，為今後的科研工作打下堅實基礎。而

專業碩士，主要包括工商管理碩士、法律碩士、金融碩士、公共管理碩士等，幫助學習者拓展知識、構建人脈、開闊視野和提升能力，以便提升學習者的職場競爭力。以前本科應屆畢業生不能報考專業碩士，現在可以參加大多數專業碩士的入學考試。

老徐先後指導過20名學術型研究生、22名專業碩士研究生，並且我接觸的考研學生數不勝數，通過各種交流，也知曉了無數學子的考研動機。絕大多數同學考研的目的，是希望未來找一個理想的工作，讀研是為了給自己未來的職場競爭增加籌碼，只有少數人真正喜歡做學問，所以很少有考生打算把學術研究作為自己未來的職業。這個現象有可能是因為我所在的高校在國內並不是一流高校，一些「985」高校的研究生喜歡科研的比例應該要高些。

大學設定的學術型研究生的培養目標和學生攻讀研究生的目標有些錯位，也就是說，本來讀研是為了給未來的研究打基礎的，但多數同學讀研是為找到更好的工作。當然也有例外，相對普通高校來說，國內一流大學的學生把做學術研究作為自己未來的職業的比例高得多。

對於希望通過讀研來增加職場入職的籌碼，老徐認為考研的學生有這樣的想法是可以理解的。有一位知名學者、2001年諾貝爾經濟學獎得主之一斯賓塞（Spence）教授曾經發表過一篇論文《勞動力市場的信號傳遞》。他在文中指出，由於信息不對稱，雇主在雇傭員工時，甄別優質勞動者的成本很高，那麼

教育水平成為傳遞雇員能力的信號。一般都認為，雖然雇員的能力與其學習的知識可能無關，但是只有高能力的人才能獲得較高的文憑，因而文憑就成為標示勞動者能力的信號。雇主認為那些不接受較高教育的人可能是低能力的，因而只願意支付較低工資，而願意給那些擁有較高文憑的人支付較高工資。

在這裡，教育水平（體現為文憑）傳遞了能力的信號，將不同的勞動者區分開。老徐認為，通常，文憑和能力之間一定存在某種相關性，這就是為什麼大家都看重文憑的原因。雖然說，考研、獲取文憑，能夠在勞動力市場傳遞出你是一名優質勞動者的信號，但問題是，同學們讀研之後，真的就能成為一名優質人才嗎？

中國人有一個非常好的傳統，就是非常重視教育。中國的家庭，為了孩子讀書，願意付出更多。中國有兩句老話，就是「萬般皆下品，唯有讀書高」「書中自有黃金屋，書中自有顏如玉」，說明中國人對讀書是情有獨鐘的。

現在讀書，包括考研、讀研，可能有更多的功利色彩。當然，**人有功利心不是壞事，人需要講求一個自我奮鬥的歷程。**我看到我周邊的或者我知曉的人，他們曾經通過考研、考博改變了自己的人生道路，這樣的例子數不勝數。

一位國務院發展研究中心的研究員，行政級別是正局級，同時也是一位知名學者，以前是一名來自偏遠地區的學子，最初學歷僅是一名中專生。他通過自己堅韌不拔的努力，1992年

獲得了西南農業大學（現在的西南大學）的農業經濟管理碩士學位，1995年又獲得了西南財經大學的博士學位，之後擔任了西南地區某「985」高校的副校長，前幾年被調到國務院發展研究中心做研究，並升任正局級官員。

老徐一位要好的大學同學，大學畢業之後到了中原地區一所高校任教，教高等數學。在20世紀90年代初，他考取了清華大學經濟管理學院的研究生，研究生畢業之後，從事投資工作，事業發展得很不錯。我還有一位大學同學，碩士畢業留校後，一直覺得懷才不遇，力圖有新的發展機會，後來到香港大學攻讀博士，之後順利到英國，目前在約克大學擔任首席教授。

我講的這些例子，他們都有共同的一點，就是如果沒有考研或讀博，他們的人生，多半還在原來的生活軌跡上。考研是他們改變命運的一種穩妥的選擇。

不可否認的是，我舉的這些例子的主人公，他們自身都有較強的學習能力，而且，也身處過去那個相對封閉的時代。現在，時代變了，環境也變了。現在的學子要複製以前通過考研來實現「鯉魚跳龍門」的輝煌，可能不是一件容易的事。同學們要清楚地認識到，現在高校經過大規模擴招之後，研究生數量和過去不可同日而語。僅希望通過讀研來提升個人的競爭優勢，可能並不是一個非常容易和比較靠譜的選擇。

當然，不是說考研一定不能改變命運，而是絕對**不能把讀研作為改變命運的唯一籌碼，考研可能只是你人生道路上設計的某一個環節而已**；而且，現在考研的綜合成本比過去高多了，

若想通過考研改變命運，得更加慎重。

老徐建議，打算考研的同學要好好思考一下，讀研最首要素質是什麼？自己具備這樣的素質嗎？自己需要讀研嗎？自己適合讀研嗎？

一個人適不適合讀研，最首要的判斷因素是，你喜歡讀書嗎？你喜歡思考嗎？你喜歡科研嗎？不少同學在整個學習生涯中，並沒有培養其創造性、好奇心和學習興趣，有些甚至越來越不喜歡讀書了，但因為想找一份好工作，不得不考研。這就導致讀研並不一定能夠達到自己想要的結果。

之前老徐說過，本科或研究生時代，可能是一個人在人生中最能夠靜下心來好好讀書的時期。若家庭經濟條件不是太窘迫，你完全可以心無旁騖地好好享受讀書的樂趣，而一旦進入職場就很難找到這樣的好時光了。

同學們要評估一下自己，**是否真心喜歡閱讀，喜歡思考，或者進入實驗室，天天和儀器打交道？**雖然別人覺得枯燥，但你因為得到某個實驗數據而欣喜若狂，那麼恭喜你，你是適合讀研的。

我身邊有一位學生，學習資質平平，中學期間的考試成績和表現並不出色，但我觀察到她有一個讀書的愛好。她小時候，就喜歡朗讀式的閱讀，還有當她自己心情不好的時候，讀一會兒書心情就好了。雖然她在高中時，理科成績不如文科，但她還是選擇讀理科，還很執著地說大學想讀某專業，並為此而努

力。我告訴她說，這專業的不少課程學起來有點枯燥，但她說沒關係，自己喜歡。我認為，可能這樣的學生，更適合讀研。

因為喜歡，你會享受讀研的樂趣，而不是把它當作必須完成的某種任務。當然，一個人的興趣是可以培養的，你若要讀研，就得培養這種興趣，而不是簡單地應付考試。如果你經過多種嘗試，還是無法培養這種興趣，對於讀研你就得慎重考慮了。

若你沒有「閱讀、思辨及在實驗室獨處」的興趣，而只是功利地考慮通過考研改變命運，那考研並不是一條適合你的路。你可以選擇別的路走，條條大路通羅馬，一個人走向成功的路不止這一條！

讀研是一些大學生的夢想，他們早早就在做準備了。記得某些高校，例如山東某大學，被戲稱為考研培訓基地，不少學生從大一開始就準備考研了。不少大學把大學畢業後考取研究生列為大學優質就業範疇。很多同學為了考研，至少準備了一年以上。

分析一下考研的科目，對於理工科或經濟管理類專業的學生來說，研究生入學考試的初試科目有四科，分別是政治、外語（英語）、數學和一門專業課，一般前三門課程是全國統考，專業課是由所考學校出題。不同學校要求的標準不同，英語和數學兩科就會讓不少考生止步。專業課考試本來應該是遴選研究生的核心考試，但在有些院校這並不是研究生准入的重要關

口，專業課尺度放得比較寬一點，不過有的知名高校，可能專業課考試的難度更高。

老徐之前說過，作為一名合格的大學生，在大一的時候，就要把數學和英語學好，集中精力打好英語和數學的基礎，基礎打得好，考研準備半年就可以了。

對於政治考試，我記得恢復高考之後這幾十年，只有1986年那次研究生入學考試沒有考政治，現在肯定會一直堅持把政治作為所有專業研究生入學考試的必試科目。還好，參加了政治科目的考研培訓的同學，多半都能通過最低錄取線。

學生若報考的學校是名校，在復試的時候，這些學校會把一些考分高但是實際專業素養差的學生淘汰。而這樣的專業素養，需要靠你在大學期間，扎紮實實學好相應的專業課程來獲得，而不是靠準備考研來彌補，否則考試分數再高，也不一定錄取你。

老徐認為，若花太長的時間在準備考研上也有很多問題，特別是被稱為考研培訓基地的學校，其做法值得商榷。曾經有一位知名高校的研究生導師在知乎上說：「本應該用四年的時間教授學識，讓學生掌握不斷進步的能力，以面對更加艱難的學術研究領域，或者競爭更加殘酷的社會人生；但是『考研基地』高校卻浪費了學生最寶貴的四年時間，去掌握那些除了在考研那一刻有用，而在剩餘的一生中都沒有什麼用途的考研技能，這難道真的符合學生的利益麼？」

當然，以上觀點只是該研究生導師的一家之言，強調的是

不能把大學的所有時光都花在考研準備上。社會是多元的，也有人認為，考研是自己的理想，為此奮鬥幾年是值得的。我覺得這是一個人的自由選擇，只要他無怨無悔就行！

有的同學打算大學畢業到海外攻讀研究生，而且現在到海外留學攻讀研究生的學生越來越多。老徐特別提醒，打算到海外攻讀研究生的同學，有些事特別不能忽略。

若去海外留學，應該做好一些心理準備。和中國的高校管理模式完全不同的是，除了要嚴格遵守當地法律之外，一切事務要靠自己處理，沒有人來幫助你和約束你，你自己一定要真正做好自我管理。

甚至中國內地的高校管理模式和香港都不一樣，比如前面我提到，多年前，一位香港科技大學的老師告訴我，內地來的學生初次到這裡很不習慣，覺得找不到「組織」了，似乎沒有人管你了。的確，所有事務，包括租賃宿舍，都完全自己做主，只要你不觸犯法律，你愛怎麼做就怎麼做。這一點和內地高校給研究生設立班主任的模式是有很大區別的。

在國外，除了一些「野雞」大學之外，課業壓力應該是比較大的。要強調的是，每一次，**上課前要閱讀的相關書籍，一定要提前認真看；教授布置的作業，一定要認真做，絕對不可隨便抄襲**。否則，上課就跟不上節奏，無法參與課堂討論；若沒有做作業，就可能直接被歸為課程不及格，抄襲的後果也很嚴重。這一點，和國內對學生相對寬鬆、寬容的環境不同。

到海外留學是越來越多人的選擇。不過，若是大學畢業之後再去留學的話，可能最終都會回來工作。因為，越早留學，越能夠適應當地的文化，越能夠融入留學所在地的社會中，而大學畢業之後才去，適應起來就比較困難。我一位大學同學，她的兒子從小在加拿大長大，她兒子說，今後找對象要找一位在當地長大的女孩，否則，相互之間可能不容易理解。這說明在不同文化背景下成長的人，思維方式就可能不同。

雖然在老徐讀書那個年代，我中學和大學同學留學海外，最終移民的不少。但是現在時代不同了，**大學畢業再去留學，更多的目的是瞭解世界，學習別人優秀的科技、文化和制度設計等**，因為現在的中國發展得越來越快，並且我們骨子裡的文化與留學所在地是有差異的，你很難完全融入當地主流社會，所以最終都會回來就業。

♯延伸閱讀♯ 在讀研究生忙什麼

大學生是否考研，還可以從另外一個視角去權衡，即觀察一下在讀研究生在學校忙什麼，瞭解他們的學習和生活狀態。在讀研究生就如一面鏡子，觀察他們有助於評判自己是否適合讀研，就會更容易進行選擇。

按照碩士研究生培養計劃，通常會在研一全年和研二的第一學期，用共計一年半的時間修讀若干課程，然後研究生和導師探討畢業論文的選題方向，完成開題報告，再用一年左右的

時間完成碩士論文，論文要通過預答辯，校外匿名評審，再通過正式答辯，就可畢業了。

工科類研究生和人文學科的研究生是有差異的。招收工科類研究生時，有些導師喜歡招收男生，因為工科的不少導師手上都有一些課題，研究生能夠幫助導師做不少基礎性的工作，導師也會適當發放一些津貼給學生，相對而言，男生用起來更方便。

人文社會科學類專業的研究生，一般導師手上的課題經費相對較少，導師需要學生幫助做的基礎性工作較少，除非導師的科研項目需要做一些田園調查類的工作，學生可以幫上忙；課題中真正的思辨性工作，以及文案撰寫等，學生往往無法勝任，還不如導師親自操刀來得穩當。這只是我根據自己的掌握的有限信息得出的觀點，如有例外，歡迎補充。

在老徐身邊的社會科學領域的導師中，我觀察到我熟悉的一位導師對科研較為執著。他心無旁騖，專注於自己的研究領域，業餘時間打打球，也不去企業做兼職，這樣就有精力跟蹤學生的學習狀況，並要求學生持續閱讀相關研究領域的論文。這樣學生在畢業前，就能夠發一兩篇質量較好的論文。我覺得學生若今後繼續攻讀博士，跟隨這樣的導師還是不錯的。

我還有一位朋友，也是碩士生導師，曾經在政府機構工作多年，有不少實務經驗，現在經常能夠拿到不少政府部門調研方面的課題。他乾脆自己成立了一家公司，讓他的研究生一起來幫忙，做一些基礎性的工作。他給研究生開工資，研究生也

很願意跟隨他，既能做事，又能掙點錢，還能瞭解社會，師生都不亦樂乎。我個人覺得這也是一種不錯的選擇。

在部分研究生的學習過程中，一方面，部分導師對學生的影響力和給學生的壓力不夠；另一方面，可能研究生自身也沒有意識到自己的需求，自覺性和執行力不夠，能力提升較慢。不少研究生讀研期間，在時間上有些浪費。他們既沒有沉下心來好好看一些學術著作，又沒有去認真做一些能夠提升自己溝通能力、科研能力的事。因為自我管理能力的不足，他們就那樣閒在學校裡，真是有些可惜。

很多同學剛考上碩士研究生時，都有一些憧憬，以為能夠順利地在知識、研究能力和人際關係上，有較大的突破，個別剛考上博士研究生的朋友也有這種憧憬。

曾經在校園裡流傳著這樣一句話，「沒有畢不了業的碩士，沒有考不上的博士」。也就是說，按照國內對研究生培養的模式，碩士入學考試有一定的准入門檻，但一旦考入學校，一般情況下都能順利畢業，少數同學可能因為論文達不到要求而延期半年或一年畢業，只有極個別的實在不像話的同學畢不了業。

老徐觀察，**部分碩士研究生在本科階段對課程的學習，可能僅僅停留在考試範圍內，缺乏對一門課程涉及的相關資料、經典著作的大量閱讀**，導致不少碩士研究生不具備研究素養。部分研究生的文字表達能力和碩士研究生的身分極為不符。尤其是到了碩士研究生撰寫畢業論文時，甚至有個別研究生用漢語的書面表達都語句不通順。現在用書面文字表達的機會比以

前少了，例如，年輕朋友談戀愛，情書都不用寫了，直接在手機上用微信進行碎片式的交流，可能也是一個原因吧！

再審視碩士研究生導師，不同導師的研究水平、能力、修為等的確參差不齊，而且所有導師的一個共同點就是都很忙。若碩士生導師能夠帶領研究生一起讀書、研討，進行兩週一次的固定時間交流，是最好不過的了。不過，這很難做到，時間上難以保證，因為要做好一個交流，事先的準備可能要耗費比較大的精力，這對老師和學生都是一種挑戰。一般來說，導師有些課題的基礎工作會讓學生參與，而且學生也能勝任，這對學生也是一種鍛煉。

最後，對於像老徐所在的這類高校的研究生同學，特別是人文類和經濟管理類專業的研究生同學，老徐給大家一點小小的建議，僅供參考。

建議在**研一的時候，好好讀書，真的要博覽群書，彌補自己知識的短板**。可以採取不同的讀書方式，既要精讀，也要泛讀，還要採取主題閱讀的方式。最好能夠做個性化的讀書筆記，能夠把自己讀過的書消化，能夠講給別人聽，讓聽的人覺得饒有趣味。另外，要學會多渠道地獲取資訊，哪怕是網上信息，不僅要用百度搜索，還要用谷歌查詢，單一的信息來源，會局限你的思維。按照決策理論，正確決策的前提，是以獲取充分的信息為基礎的。

研二的時候，就要準備開題報告了。研二第一學期，有針

對性地進行大量閱讀，人文學科專業的研究生還要觀察社會，和老師討論研究方向和論文方向，也可以根據導師的課題確定一個研究視角。**研二的第二學期初，確定論文方向，並完成開題答辯，之後就及時撰寫論文。**善於規劃的學生，在研二的第二學期，就開始認認真真地撰寫論文初稿了，到研二結束時，**最好能形成論文雛形，切忌拖延！**但現在多數同學都是在拖延中耗費了大量時間。

研三的時候，若不打算考博，就一邊抽時間完善論文，一邊進行社會實踐。這個時候，去打打工、找找工作挺好的。**研三的第一學期末，若能確定一個相對靠譜的工作，是一個不錯的選擇。**最後一學期，在進行例行的論文答辯的同時，為自己未來的生活做一些準備，是最好不過的了。

PART5
有知識
不一定有智慧

讀大學是為了學習知識，讀大學更是為了增長智慧。

一個人有知識，不等於有智慧。

我們既要做一個有知識的人，更要做一個有智慧的人。

讀了多年的書，
學會思考了嗎

> 有知識但不會思考，獲取的知識是沒有價值的。學會思考，知識就插上了翅膀，讓你能夠自由翱翔！
>
> ——大偉

我們知道，大學是知識的殿堂，讀大學就是要學知識。所謂知識，是人類對客觀世界的認知；而智慧，是對事物整體的一種判斷能力，對整體方向的把握能力。知識是學習所得到的結果，而智慧是經過思考後的判斷。學習知識相對容易，而增長智慧不容易。

有一個比喻能夠較好地說明知識和智慧的區別。知識是眼睛所看到的世界的「圖像」，而智慧是能夠看清世界的「眼睛」。**有知識，只是知曉客觀世界的靜態狀況；有智慧，才擁有一雙**

洞悉客觀世界的慧眼。

一個人只是被動的學習和接受知識，難以增加智慧，只有學會思考，善於質疑，具有批判性思維，才能通過學習知識而增長智慧。據媒體2016年年初報導，山東一名女研究生畢業工作後，被騙子用非常低劣的騙術騙走了118萬元。這樣的案例不勝枚舉，這就屬於較典型的有知識缺智慧的例子。大學生不僅要學習知識，更需要做一個有智慧的人。

老徐曾經在高校做過多年教學管理與服務工作，學院每一次修訂本科生培養方案時，都要請不少用人單位的中高層管理人員對培養方案提供建議，有些建議確實有價值，但有時候部分用人單位的朋友認為「我們需要什麼，你就教什麼」，我不以為然。

因為社會需求是隨時變化的，現代社會有些職業的壽命是非常短暫的，而高校各專業培養方案的制訂和對學生進行培養是有週期的。如果高校的課堂教學去跟隨這種熱點，就可能永遠滯後一步。並且，若要對接需求，我認為短期的職業培訓更勝一籌。的確，有時候技校和高職學生更能快速適應這種職業需求，這也是近年來高職就業難度比本科學生低的原因。

既然這樣，讀本科的同學為什麼不去讀高職，為什麼不去職業培訓學校學習？難道僅僅是因為拿到本科文憑比高職文憑感覺更光鮮嗎？

愛因斯坦曾經說：「Education is what remains after one has

forgotten everything he learned in school.」意思是,「所謂教育就是一個人遺忘了所學的一切之後還剩下的東西」,這可以較好地解釋讀大學的意義。那麼,愛因斯坦談到的「遺忘了所學的一切之後還剩下的東西」包括什麼呢?在老徐看來,遺忘知識之後,剩下的東西至少應該包含:**獨立思考和分析的能力、批判性思維、對已有的知識和權威敢於質疑的勇氣。**當同學們獲得了獨立思考和分析問題的能力,具有了批判性思維的意識,才算是真正讀了大學。

具有獨立思考和分析問題的能力,可以讓一個人從容面對工作和生活。學會獨立思考和分析,是一個人擁有創新和創造能力的基礎,也是接受大學教育和接受職業培訓的區別。當然,我這裡只是說大學教學和職業培訓的重心不同,並不是說接受職業培訓的學生就不需要去獨立思考。

不過在現實的環境中,能培養這種能力的環境還是顯得有些不足。老徐很喜歡自己琢磨,常常去思考一些和自己周邊環境不太相關的事,但身邊有朋友好心地勸我說,老徐,你考慮這些遠在天邊的事做什麼呢。我這位好友都拿了博士學位了,他基於多種因素不會去思考這些問題,但我內心認為我的這種思考是有價值的。也許,在某些環境中,喜歡思考和質疑,可能會給一個人帶來一些麻煩和困惑,這個時候,自己可以選擇緘口,但大腦還是不應停止思考,至少在內心,要按照一個智者的尺度來要求自己。

如果我們都具有獨立思考和分析問題的能力,就會具有基本

的邏輯和判斷力。社會群體就不會因為一個經不起推敲的傳言，而導致人心惶惶。現實一點，你對未來房價的漲跌，會有自己的判斷，而不是人雲亦雲；哪怕最終發現自己的判斷是錯誤的，也比不假思索地接受別人的觀點強。如果一個人善於獨立思考和判斷，在網絡上就不會因為看到「不轉不是中國人」「轉發五次，你會得到 99 元」這樣的言論而盲目轉發那些垃圾信息。

如果不有意識地去培養自己獨立思考和分析問題的能力，讀大學就失去了應有的價值。而我們有些同學，在課堂上總是要求老師給出標準答案，劃出考試重點，然後自己努力背下來，考一個好的分數。抱著這種態度去讀大學的同學，令人遺憾！當然，還有一部分同學要求老師給出標準答案的目的，是想在這門課程的學習上省點事。這部分同學有自己的一套評判標準，覺得這門課不重要，想把精力花在其他重要的事情上。如果同學們抱有的是這樣的觀點，老徐可以理解，不過不是很讚同。

我們不少同學之所以在獨立思考和分析問題的能力方面有些欠缺，主要有幾方面的原因：一是在過去的學習過程中，應試教育的痕跡較重，這方面的訓練和引導不足；二是不少同學的知識面和閱讀面較為狹窄；三是信息獲取的渠道有限，掌握的信息不夠全面。為彌補這些不足，除了多讀書、多獲取不同渠道的資訊之外，還要有意識地保持一個思辨的心態。

在大學要**培養獨立思考和分析問題的能力，具有批判性思維，對已有的知識、對權威敢於質疑，這是接受高等教育的價值所在**。當然，獲取這樣的能力，不是一蹴而就的，但至少我

們要有意識地學會思考，學會分析，逐步培養自己這樣的能力。

　　無論任何人、任何權威提出的觀點、所做的事，我們既要尊重，同時也可以存疑。在老徐看來，在這個世界上，只有自己的父母對子女的愛是完全無私的，其他任何人做的事和說的話都可能有利益導向。一個人要有這樣的意識：任何人都有可能犯錯，都可能有錯誤的觀點。因此，絕對不要盲從，不要隨大流，要自己思考，要有自己的判斷！

　　大學生在選擇自己的未來、判斷社會發展的方向、評判社會問題的時候，一定要有這樣的視角。例如，在選擇自己就讀的專業時，許多女生都喜歡報考會計專業，感覺這個專業好就業，學起來也不是很難。殊不知，幾乎所有的高校都開設了這個專業，有的民辦高校，也就是第三批次（大家常說「三本」）招生的學校，雖然沒有足夠的師資，但每一年在這個專業上可以招收七八個班，因為開設這樣的專業辦學成本較低。

　　若你看到別人都報考這個專業，你也不假思索地選擇這個專業就有問題。因為，隨著信息技術的發展，基礎的會計業務可能逐步被電腦取代。比如大家看得到的，豬八戒網提供的「八戒代帳」服務不正是在嘗試開展這樣的業務嗎？除非一個人在這個領域有更強的優勢，比如考取了註冊會計師資格證等，否則，你在這個領域不一定有很好的職業發展之路。若你善於思考和分析，在報考專業的時候就會更加慎重，一定要結合自己的情況進行選擇。

在大學校園，不少同學會花較多的精力去考各種證書，特別是各種職業資格證書。在老徐看來，這個問題需要根據自己的具體情況來決定是否參加職業資格考試，參加什麼類別的資格考試，不能盲目去考。有的同學看到別人報考，自己也去報考，這是不動腦筋、不思考的行為。老徐身邊就有同學看到別人在備考教師資格證，就自己也去報考，準備了一段時間，結果放棄了。這位同學沒有對自己的未來做好規劃，沒有想清楚該幹什麼，所以有些事情是心血來潮，做一下就放棄了，浪費了好多寶貴的時間。

通過職業資格考試並獲得相應證書，是一種切入某種職業的較好的方式。有的資格證書獲取比較難，例如註冊會計師資格證、資產評估師資格證、律師資格證等；有的證書獲取比較容易，例如證券從業資格證、基金從業資格證等。雖然不同證書的含金量不同，但是要在相關行業或機構從業，就必須取得相應的證書。而有的機構頒發的某些職業資格證書，就沒有必要去考，比如在老徐看來，類似於人力資源管理師等這樣的證書就沒有必要去考了。為什麼老徐認為前面提到的證書有價值而後面這個不需要考呢？如果你善於收集信息，你就會知道，若到會計師事務所求職，擁有註冊會計師資格證就擁有了敲門磚；而到證券行業就職，就必須擁有證券從業資格證，這是行業准入的要求。所以參加這些考試並取得相應證書是有意義的。而你到企業的人力資源管理等部門去求職，聘用單位主要

看應聘者的綜合能力，而不會把是否擁有人力資源管理師資格證作為准入門檻，因為這方面的職業技能不是靠考試獲得的。同學們若善於思考和分析這些證書的價值，就知曉自己該不該考，考什麼證書了。

同學們在看待社會和歷史問題的時候，也要有自己獨立思考和分析的意識，不要盲目迷信權威。看歷史時，以太平天國洪秀全這個歷史人物為例，對他主流的評價都是褒揚的。但是多看看歷史資料你就會存疑，資料顯示洪秀全的嬪妃多得數不清，他搞的等級制度、世襲制等，比之前的封建王朝有過之而無不及，這不像是反帝反封建的進步行為，那麼對洪秀全的褒揚就經不起推敲。所以看待這些問題，一個人得有自己的視角和看法，若不假思索地接受別人的結論，就是愚鈍的表現。

當今社會，不少人的物欲多過對精神層面的追求，這就很難擁有一種被稱為「思想」的東西，在老徐看來，這也是一種智慧的缺失。要成為一個有智慧的人，首先要學會全方位地獲取充足的信息和資訊，以及各種類別的資料。越是難獲取的信息，你就越需要瞭解。按照管理學的理論，任何正確的評判和決策，都是建立在獲取充分的信息的基礎上得來的。

讀大學，就一定要有意識地培養自己獨立思考的習慣，具有批判性思維，因為只有具備這樣的意識和能力，才可能對社會發展趨勢進行正確的判斷，才不會陷於群體性無知中，也才能從容面對自己未來的工作和生活！

♯延伸閱讀♯ 請你想一想，馬雲的做法對嗎？

馬雲曾經多次提到這樣一件事：「有一次，我們銷售人員在培訓，我去看了下，發現培訓老師在講怎樣把梳子賣給和尚。我聽了五分鐘，非常生氣，就把這個培訓老師給開除了。因為我覺得他是騙子，和尚本來就不需要梳子。把產品賣給那些不需要這個產品的客戶，我認為這是騙術而不是銷售之術，這對我們的價值觀是巨大的挑戰。」

馬雲之所以開除這名培訓老師，是因為他認為講授的案例「把梳子賣給和尚」是忽悠而不是銷售之術，是對公司價值觀的挑戰。

培訓師講的虛構的賣木梳給和尚的案例

一家生產梳子的公司招聘業務員，經過面試後剩下三個人，最後一道題是：如何把梳子賣給和尚？半個月後，三個人回來了，銷售結果如下：

甲經過努力，最終賣出了一把梳子。

甲在跑了無數的寺院、向無數的和尚推銷之後，碰到一個小和尚，因為小和尚頭癢難耐，甲把梳子當作一個撓癢的工具賣給了小和尚。

乙賣出了十把梳子。

乙也跑了很多寺院，但都沒有推銷出去，正在絕望之時，

忽然發現燒香的信徒中有個女客頭髮有些散亂，於是對寺院的主持說，衣冠不整是對菩薩的不敬，終於說服了兩家寺院每家各買了五把梳子，放在寺院裡，供敬香的信徒跪拜菩薩前，先梳頭正衣冠時使用。

丙賣了一千把梳子，並且今後會賣出更多。

丙同樣也跑了很多寺院，沒有賣出一把木梳，他感到很困難，便思考怎樣才能把梳子賣出去。他想到寺院一方面在傳經布道，另一方面也需要擴大影響，讓更多的香客前來，並且不少信徒不遠千里來捐功德。於是丙建議寺院主持應該對這些虔誠的信徒表示感謝，在梳子上銘刻各種祝願，如虔誠梳、發財梳等，並且分成不同檔次，在香客求簽後贈送。結果寺院採納了丙的建議之後反響很好，越來越多的寺院要求購買此類梳子。

培訓師對甲、乙、丙三位銷售人員銷售策略的分析

把梳子賣給和尚是很不容易的事情。甲、乙、丙這三個人都應該算是很優秀的銷售人員，但他們的銷售效果大不相同。

甲是個很勤勞的銷售人員，面對困難的時候鍥而不舍，最後終於完成了任務，並且任務本身完成得很嚴謹的。因為這把梳子的確是賣給和尚去使用了，不過他挖掘了產品的另一個附加功能——撓癢。

乙的銷售成績要比甲好，在銷售過程中他也做了更為大膽的嘗試。那就是大膽改變了銷售人群，讓不需要使用的人購買給需要的人使用，買的人不一定用，用的人不一定買。這種情

況在現實生活中是存在的。

丙的做法更讓人耳目一新，因為他創造了循環需求，而且找到了一個嶄新的市場。丙的做法給人最大的啓發是一個很簡單的商業道理——雙贏，即讓別人獲得價值，自己才能賺錢。

馬雲的判斷是基於什麼，培訓師被開除冤不冤

馬雲是阿里巴巴的創始人，是國內目前最著名的企業家之一，非常善於演講，是權威中的權威。老徐請各位同學認真思考，你認為這位培訓師是在教大家忽悠嗎？馬雲判定這位培訓師是騙子，並立馬開除了這位培訓師。你認為馬雲的做法妥當嗎？

對這個問題感興趣，並且願意獨立思考、有自己的判斷的同學，可以關注微信公眾號「不要假裝讀大學」，討論這個問題，並發表你的看法。

陽光雖然燦爛，
陷阱還是不少

> 人的生命只有一次，要珍惜！生命是脆弱的，有些東西失去了，就很難找回；受到了傷害，愈合很難。學會規避風險，讓我們的生活少點不必要的坎坷！
>
> ——大偉

一個人從來到人世間，到長大成人，要經歷各種各樣的風險，真還不容易！同學們跨入大學的校門，差不多都滿 18 歲了，雖然是到了能夠享受公民權利的年齡，但畢竟經歷過的事還不多。自己一個人離開父母，來到一個新的城市，有時候處理問題不夠成熟老到，往往會遭遇不少麻煩，甚至給自己帶來傷害。在這裡老徐依據自己的觀察，大致歸納了一些同學們可能遭遇的、會給同學帶來傷害的各種情況，和大家聊一聊，也

許能夠幫助在校的大學生朋友規避一些風險。

降低和他人發生嚴重衝突的可能性

人和人之間的交往，由於生活習慣、行為習慣等不同，可能會產生矛盾。同學之間有矛盾是一種正常現象，可以通過某些方式化解，即使不能化解，帶著一些矛盾相處，也不是不可以的。尤其是男同學由於正處於青春期，荷爾蒙分泌旺盛，情緒容易激動，有時候，為一件小事，就可能發生激烈衝突，甚至打架鬥毆，有時候在爭鬥中，很容易失去理智，最後導致悲劇。記得我30多年前讀大學時，看到過同一個學校的同學，僅僅因為吃飯排隊和別人發生衝突，結果被打得頭破血流。就是前不久，武漢某「211」大學同一寢室的同學，因為一件非常小的事情，發生了流血事件！

大學時期的年輕男同學，完全沒有野性，似乎是不可能的，也是不行的。不過，現代文明社會，千萬不要為一些小事進行拼殺，不值得。記得曾經有一篇文章說過「躲開那條瘋狗」，也是說的這個道理。

盡可能地避免可能遭遇的性騷擾

任何性別的青少年，都可能遭遇到性騷擾，不過，女性同學在有些情況下，遭遇到的可能性更大一些，減少或避免在危

險時段單獨到危險區域是行之有效的措施。在外出實習期間，尤其是應聘工作時，同學們也可能遭遇職場中的性騷擾。即使在學校期間，也不是能夠百分之百地排除這種風險，但只要自己注意規避，一般還是比較安全的。

　　有幾條具體的建議，特別提請大家注意：①對於酒吧、迪廳、歌廳等場所，能不去就不要去，尤其不能和校外的人員或者陌生人去；②在實習期間，不要單獨和企業的上司去餐廳、酒吧；③如果必須要去酒吧、歌廳等地方，在此期間若離開過原來的座位，那回來後自己喝的那杯水或者飲料就不要再喝了；④盡可能不要喝酒，更不要酗酒，特別是女生，尤其是和陌生人在一起的時候；⑤不要隨便收人家的禮物或者接受吃飯、唱歌、泡吧之類的邀請，天下沒有免費的午餐，拿人手短，吃人嘴軟；⑥最好不要去任何娛樂場所打工或兼職，尤其是女生；⑦女同學通常不要單獨去老師家。說這些也許是多慮了，但人都不是聖人，私密場所、酒後餐後，因為各種各樣的原因，人難免失態。

正確地處理戀愛及情感問題

　　同學們在大學期間可能會因為諸多原因產生愛情，這本身是一件美好事情，但大學的愛情和現實的婚姻之間還有很長的距離，大家需要保持一個相對克制和理性的頭腦。女生若因為和男友之間出現情感問題而難以自拔時，無論是生理上的還是

感情上的，都可求助自己的父母，不要獨自處理。因為無論在什麼時候，你的父母都是你最靠得住的人。

雖然說男女平等，但按照中國的傳統文化和思維，有人認為女性的婚姻往往是一場賭博，賭贏了一生幸福，賭輸了帶來長久的傷害。因此女同學要審慎，不要在大學時就匆匆忙忙地把賭本全部押上，在享受校園戀愛的單純與浪漫時，要想到可能為此付出的後果和代價，冷靜控制自己的行為。女孩子在戀愛中要承擔的後果更多，包括生理上和心理上的。在選擇戀愛對象時，也需要多花一些時間來相互瞭解、相處。最重要的是，要有清晰的定位。大學階段，核心的任務是學習，讓自己成為更優秀的人，戀愛不是大學階段非做不可的事，更不要隨波逐流，看到周圍同學在戀愛，就「為了戀愛而戀愛」。打發時間和點亮青春歲月的方式有很多，主動鍛鍊自己，讓自己成長不失為很好的選擇。

避免因為遭遇偷盜、詐騙而損失錢財

雖然現在的學生都是聰明人，但客觀地說，現在的一些圈套讓他們防不勝防、盜竊、詐騙等層出不窮，沒有人能夠百分之百地保證自己不被偷盜，不被詐騙。特別是同學們涉世不深，經歷過的事不多，更容易遭遇詐騙，上當的可能性有時候還比較大。之前，常常看到報導，一些看似很低劣的騙術，就把部分大學生給騙了。

不要隨意把自己的電腦、手機、錢包放到教室、操場、圖書館和食堂等地，而不注意照看，這些物品很容易被人順手牽羊。因為同學們上課的教室是隨著課程變化的，平時也不鎖門，人員可以自由進出，並且大學的校門通常都不查看進出人員的身分證明。

　　需要錢就找自己父母商量，最好不要找人借錢。這幾年「校園貸」盛行，但絕對不能去找「校園貸」借款，尤其是「裸條貸」，已經出現過有同學因此而自殺的案例。所以那些都是誘導人萬劫不復的高利貸，千萬要遠離！

　　身分證在任何情況下都不宜借給別人辦理任何手續；凡是接到涉及一些轉帳打款的電話，馬上掛斷；在接到「公檢法」的「辦案」電話時，也要立即掛斷；不放心就第一時間跟父母溝通，絕不要因為怕父母擔心，就自己去處理這些事！

♯延伸閱讀♯ 在求職中要學會捍衛自己的尊嚴

　　2017年5月下旬，知名微博博主曹山石爆出聊天截圖，在國內赫赫有名的某金融機構金融首席分析師HJ，對實習生進行性騷擾。在面試實習生後，HJ在微信上對應聘的女生說：「這是一個名利場，你願意嗎？」在對方表示「什麼意思」後，HJ再發一段語音，之後頗有暗示意味地稱，「和你真的很有眼緣，但看來你還不願真正投入」。之後，該博主又爆出了另一位女生與HJ的聊天截圖。在該段對話中，HJ頗為露骨地和該女生談道：「我覺得你有潛質和顏值，但沒有catch（抓住）到point

（重點），或者說不太 motivated（積極主動），感覺放不開，太有節操。」之後，HJ 更是直言：「可能因為工作壓力大吧，所以有時真的需要全身放鬆，明天上午在，下午就飛回香港，希望你能把握住機會。」該女生則絲毫不退縮地回復：「我覺得我個人的氣場和風格可能還是不太滿足您的要求。」在回復中該女生還表示：「這段時間不打算繼續實習了。」這幾位女生都是實習生，遭遇了 HJ 的潛規則暗示。該事件中的幾位女當事人為清華女生 L、復旦女生 G、北大女生 A。該金融機構經過調查，在交叉印證相關事實後，很快就開除了性騷擾的當事人 HJ。

職場發生這樣的事非常惡劣，這個性騷擾者也非常低劣。據說，這幾年借助金融自由化，金融行業的各大機構薪酬暴漲，據稱這個被開除的分析師年收入數百萬元，剛入職的新人的年收入也很快能達到幾十萬，很多人擠破頭都想進來。一些人就利用手上的丁點兒權利，猥褻那些女生。

大學生在實習或社會實踐中，以及在求職過程中，難免會遇到各種各樣的人。特別是女性員工，在職場中遭遇性騷擾的事件頻頻見諸報端，其中有不少女性選擇沉默或是辭職，但也看到更多女性已經敢於說「不」，並留下證據，選擇直接在公眾媒體上曝光，拿起法律和輿論的武器捍衛自己的權利。

大學生朋友要學習上面這個案例中的那幾位女生，不怕耽誤自己短期的職業前程，敢於維護自己的權益，也勇於維護自己的尊嚴。

PART6
永遠
心懷夢想

只有心懷夢想，才有努力的方向。
當你努力時，世界會為你敞開大門！
所以，任何時候都不要放棄努力！

高職生，有點囧

> 尋找到自身的優勢，每一個人都可以「耀眼」！
> 掌握一門工具，凸顯你的優勢。
> 工具用到極致，就能成為你的神器！
>
> ——大偉

老徐這本書和同學們聊的話題，雖然多是以本科學歷為背景，但是對同學們的一些建議，其中的邏輯，同樣也適合高職高專的同學。

不少高職高專的學生，總是覺得自己高考成績不理想，在讀書學習上就比本科的同學差了不少，自認為難有出息。社會上甚至有個別人說，高職的功能就是讓這些高中畢業生在學校再多待幾年，少給社會添亂。其實這是一種比較消極和錯誤的

看法。

　　高職教育，是教育體系中非常重要的一個辦學層次。作為世界經濟強國的德國，其工業製造水平在全世界是一流的。德國之所以能成為全球頂尖的製造業強國，和他們發達的高等職業教育是分不開的，其中德國的「雙元制」教育就非常有特色。

　　現在舉辦高職教育的教學機構，既有不少公辦性質的學校，也有民辦性質的高校。目前越來越多高職院校，都是民辦機構，說明大家都看好這個層次的辦學，未來的需求應該會更大。民辦機構投入資金創辦高職層次的教學機構，做得好是能賺錢的。民辦機構希望通過自己的投入賺些錢，並不是壞事，有錢賺，至少讓人相信這所民辦學校有可持續發展的基本保障。

　　當作為學生的我們踏入高職的大門時，應該以什麼樣的態度對待自己的大學生活？我們如何把握自己的人生路徑？

　　要知道，每一個人作為個體，都有各自的特質。每一個人的天資、秉性、興趣等都各不相同，有的人擅長讀書考試，有的人擅長人際溝通，有的人心靈手巧。在現實中，不同的人在不同方面的能力表現各不相同。比如，一個人也許讀書考試表現平平，但擅長對人進行觀察和揣摩對方的心理，這樣的人做銷售是一把好手；有的人讓他寫文章比登天還難，但動手能力特別強，隨便一個什麼東西，在他手上一搗鼓，就成為一件「藝術品」。這一點是公平的，在各個方面都表現出眾的人是極其稀少的，同樣，一個人在各個方面都顯得「愚鈍」的人也是

罕見的。**更多的人一輩子平庸，是因為沒有發掘自己的優勢，埋沒了自己的才華！**

老徐就舉一個自己身邊朋友的例子吧。我認識這樣一位年輕朋友子豪，1988年出生，在安徽高中畢業後，不僅大學本科沒考上，連高職高專也沒考上，讀書實在是吃力，這位朋友只好去讀了兩年技校。技校畢業後，他出來就做銷售，經歷過許多窘迫和難堪，仍然不放棄，他堅信，只要自己努力，就一定能夠在這個世界好好生存。我曾經和年輕的子豪聊過好多次，他說曾經因為推廣產品，被別人從辦公室轟出去，但是仍然沒有放棄努力。

子豪和我談到他的銷售理念，他告訴我說：「當我要銷售產品時，會認真研究，選擇合適的產品進行推廣；當我銷售產品的時候，我相信我的產品，也相信我自己能夠做好，更相信客戶能夠認可我，抱著這樣的信念，我就把事情做成了。」子豪後來輾轉到了重慶發展，推廣教育產品，他現在面對幾百人，說話也能邏輯清晰並有條理，聲音娓娓動聽，得到了客戶的認可。經過幾年努力，子豪已結婚生子，在重慶的中央商務區購買了房子，生活幸福，事業蒸蒸日上！

也許同學們會說，老徐舉的是參加工作的人的例子，我們普通的學生，該怎麼去努力，才能對得起自己的大學時光呢？其實，不管是創業或做別的工作，也不管是在學校讀書或在社會上打拼，都有共同的一點，就是「努力」去做好自己該做的事。

作為高職學生的你們，不管過去如何，既然進入了高職學習，就要從現實出發，好好設計自己未來的路。無論自己就讀的學校是否有名氣，也不管教你的老師水平如何，教學是否有責任心，這些都是你無法決定或左右的事。你唯一能做的，就是把握好自己選擇的自由和權利。你的態度就是：努力保持一個進取的心態，不浪費三年的大學時光！

高職的學生要分析自己的優勢或不足是什麼，評估一下自己「讀書考試」的能力到底如何。因為，大學擴招之後，考上高職相對是比較容易的，從讀書考試的角度看，我們似乎不如考入本科的同學。這有兩個可能，一是的確自己看書就「頭痛」，看不進去，和考上本科的同學相比有差距；二是可能自己身處的學習環境不好，例如一些條件不好的鄉村中學，師資水平和大城市的名校相比有差距，或者周邊缺乏讀書學習的氛圍。有些同學的確學習能力不如考上本科的同學，當然也有可能是自己過去讀書的環境不好，但要心平氣和地接受現實，雖然自己讀書考試的能力不如考上本科的同學，但是自己在其他哪些方面還有潛力。這一點一定要認真思考，好好挖掘自己的潛能。

有一位在廣告策劃界非常有名的大咖，名叫楊石頭，事實證明他讀書考試並不是一把好手，中學畢業後讀了兩年技校，就進入工廠當了幾年工人。他覺得和其他同學相比自己很自卑，如果繼續這樣下去，算是落到最底層，一輩子可能就沒啥改變了。想來想去，他當時唯一有點興趣和擅長的東西就是美術，

只有把自己的美術愛好變成自己的專業，才是他唯一的選擇。努力考上美術學院，也許能走出一條路，但 20 歲的年齡才開始正式學繪畫，這條路很艱難，但是再難也要走，因為沒有別的更好的路了，這是唯一的能夠看到希望的路。

　　楊石頭參加了少年宮的初級班培訓，和一群跟著家長的孩子一起學習，拿著自己都坐不下的小板凳，跟一群小學生站到教室門口。授課的老師看到他說：「喂喂，家長不要進來！」楊石頭只有尷尬地說自己是學生。作為成年人的楊石頭當然很努力，但是進步卻很緩慢，學習狀態還經常反覆，比起真正優秀的考生差得不是一點半點，焦慮、沮喪、困頓和無奈一直纏繞著楊石頭。幸好當時有一位肖老師建議說：「石頭，你這樣學習肯定不行，這麼大了才開始學習繪畫，水平比一些不錯的初中學生還差不少，你這樣不知猴年馬月才能考上美院。有一種學習方式叫作心得筆記，你可以試一試，也許對你有效。」

　　肖老師的這條建議，成為楊石頭的指路明燈。於是，楊石頭看完一幅需要臨摹的好畫，就把自己領悟到的筆法觸點、明暗對比、色彩調性寫下來。當自己清楚地描述出要臨摹的畫的特點時，才算是理解到了作品。楊石頭每天寫 10 條，一個月就有了 300 條筆記。後來楊石頭自己總結，這個方法訓練了自己的洞察力和領悟力。他發現，從表面上去感覺，那只是照相機，當他需要用文字去寫出來時，就要逼迫自己成為透視儀。人人都會用眼睛看，但只有用心看，那些領悟到的東西才能真正屬於自己。楊石頭堅持半年之後，明顯感到自己的進步與變化。

從第一階段的感覺體驗開始，一筆一筆地臨摹，依葫蘆畫瓢，逐步到第二階段的心靈感應，再加上自己的思考和再創造，就變成自己的東西了。通過這種方式，楊石頭的繪畫水平大有長進。到了第三階段，他有了自己的感悟，並且有了自己的繪畫表達方式。

楊石頭發揮了成人會思考的長處，繪畫水平迅速提高。後來考取了北京服裝學院的工藝美術系。楊石頭20多歲才開始上大學，之後的路越走越順。他畢業後進入奧美，成為全國知名的奧美廣告的副總經理，現在是智立方的董事長。現在的楊石頭一路順風順水，成為國內廣告界大咖！

楊石頭的故事，應該對我們有所啓發。我們作為高職學生，一定要好好評估自己的優勢與不足，除了讀書學習之外，自己還有哪些長處，喜歡什麼，對什麼事感興趣，把自己的興趣發展為專長有無可能等。當我們把這些問題想清楚之後，就能發掘出自己潛在的長處，並努力打造自己的核心競爭力。

高等職業教育比較強調的「理實一體」（即理論與實踐一體化），這個理念是非常有價值的。未來這十年，中國的製造業將迎來發展高峰，需要大量高素質的技術工人。一名高水平的技術工人，其市場的受歡迎度不亞於一般的大學本科或碩士畢業生。代表製造業最高水準的德國提出了工業4.0的概念，高職學生只要有技術在身，就不愁沒有飯吃。當然，由於人工智能的發展，可能未來機器人會大量出現，對普通的操作工的需求

可能會逐步萎縮。但無論怎樣發展，未來的服務業不會萎縮，只會創造更多的就業崗位。並且，隨著互聯網的發展，基於互聯網的新的商業模式層出不窮，機會始終存在，就看我們如何把握！

在老徐看來，唯一可以確定的是，未來是不確定的。我們除了必要的文化理論課的學習之外，還需要不斷尋找市場的需求點，好好地掌握一門技術，或者在某個細分領域成為「小專家」，形成自己的核心競爭力。我相信，**一個真正掌握了實用技術的人，在市場經濟環境下，絕對比僅僅拿了一個本科文憑而缺乏解決問題的能力的人更有生存的優勢！**

♯延伸閱讀♯ 果琳闖天下
——一位專科畢業生的奮鬥之路

本科畢業生和高職高專畢業生這兩個群體有什麼發展差異呢？把高職高專畢業的同學作為一個整體來看，其發展勢態和本科畢業生相比是有些遜色，不過，從中脫穎而出的例子比比皆是。無論是本科畢業或專科畢業，你作為一個獨立的個體，只要你的事業發展得好，內心平和，對你來說，就是百分之百的成功。因此，作為高職高專的我們，最重要的是做好自己，謀劃好自己未來的發展道路並為之不懈努力！

在這裡，和大家分享一位專科畢業生的奮鬥之路。這是一位創業者的故事，之所以老徐比較喜歡談創業者，是因為商業

上的成功最勵志。雖然說財富不是生活的全部，但是年輕人經濟上的成功最容易給自己帶來自信。

我的朋友秦洪偉先生，年齡比我小一輪，給人的印象很樸實，不過，外表敦厚的洪偉，其實很有智慧。洪偉畢業於內江師範專科學校，現已經更名為內江師範學院。洪偉就讀的這所學校地處西部四川的一個普通城市內江，是一所普通得不能再普通的高校，很多外地朋友都不知道還有這樣一所學校。洪偉不管別人怎麼評價這所學校，在校時始終保持積極向上的心態，得到老師和同學的認可，並且擔任過學生會主席。畢業後，洪偉到了一家紙品公司工作，他在企業做了多年的營銷工作，耐心地積蓄自己的力量。2008年汶川發生大地震，洪偉的老家受災了。地震給洪偉帶來巨大的震撼，看到老家損失慘重，洪偉覺得自己長這麼大，還沒有很好地回饋父母，很是內疚。洪偉就此下定決心，一定要改變自己，改變命運！

從老家回來洪偉就辭去了工作，全身心地尋求新的發展機會。洪偉反覆斟酌，哪個行業發展有前途。中國的農業相對落後，肯定有發展空間，但養殖業風險很大，一遇到瘟疫，可能就會帶來滅頂之災。最後洪偉想到了水果，因為果品的消費彈性巨大，而且也屬於快速消費品，客戶只要認可了，就很容易反覆購買，並且水果銷售不太受經濟週期的影響。經過認真分析後，洪偉決定進入水果這個領域發展。

或許冥冥之中，上天創造了機會，當洪偉躺在重慶沙坪壩

一家普通的旅社中想通這個問題之後，隨手一翻報紙，看到一家果品銷售企業招聘銷售經理的啟事，於是就立即撥通了電話，約好了應聘時間。由於洪偉有快消品行業的豐富經驗，再加上他用了一週的時間惡補水果行業的知識，並認真撰寫了一份果品企業如何拓展市場的分析報告，所以當洪偉如約到這家企業應聘時，他思路清晰、侃侃而談，深得招聘者的認可。之後，洪偉順利進入了果品行業並打拼了四年。這四年，洪偉兢兢業業地潛心沉入這個行業，累積了豐富的行業經驗。

2012年之後，由於和原公司老闆的發展理念不同，幾經糾結，洪偉決心出來自己創業，並創立了「果琳」品牌。剛創業的時候，洪偉只有很少的資金，但是憑藉自己在行業內累積的經驗和人脈，再加上自己的勤奮，最關鍵的是洪偉內心有很大的格局，很快洪偉的水果事業就步入正軌。經過四五年的發展，如今，洪偉創辦的果琳在川渝地區有了幾十家果品連鎖店，果琳的產品和價格定位深得消費者認可，現在一年的銷售額達好幾億元。值得一提的是，洪偉雖天天忙於工作，但是仍然保持了讀書和思考的好習慣。幾個月前，我到洪偉公司去交流時，洪偉正在閱讀《長尾理論》，一談起果品營銷，如數家珍、娓娓道來，儼然一副教授的模樣，不得不令我這個教授佩服！

從洪偉的經歷看，一個人文憑不高沒有關係，關鍵是要有學習的心態和會思考的大腦，讓自己變得有智慧。他能夠在適當的時候，去尋找自己的目標，而且及時抓住機會，是成功的重要因素之一。做生意，眼光不能只盯著眼前的生意，還更需

要花精力去學習新的東西,不迷失自己的方向,路才能越走越遠!

我相信洪偉會走得更遠,也相信各位高職高專的朋友,只要你努力,你的未來就一定會陽光燦爛!

理想雖豐滿，
現實很骨感

> 人永遠是活在夢想和希望中的，沒有夢想的人生不是真正的人生！
>
> ——大偉

我們之前談到，大學是人的一生中最能夠靜得下心來看書的時候。在此期間，保持一個好的學習狀態是非常重要的。要保持這種理想的學習狀態，需要認識到學習本身能給人帶來樂趣，要能夠享受學習的過程。在這種狀態下，讀書學習沒有功利心，內心就不會慌張，這就是一種最好的學習狀態！曾經有人說，大學的圖書館應該是天堂，在圖書館裡，應該有濃鬱的咖啡香，有小憩的角落，有靜謐的閱覽間，一切的一切都是這麼美好。

20世紀80年代的大學，不少學生是理想主義者。那個時候，雖然大學的條件有些簡陋，多數人的經濟狀況都不太好，但學子們內心還是有指點江山、激揚文字的情懷！社會發展到今天，雖然社會生產力高度發達，科學技術日新月異，互聯網改變了我們的生活方式、工作模式，人工智能嶄露頭角，甚至可能逐步取代部分工作崗位，但貧富差距反而有加大的趨勢，人們的功利心也更強了。人的利益訴求趨於剛性，我們面臨的競爭壓力空前增強，在大學裡，這種有情懷的心境就顯得格外奢侈。我們無暇去評說，這種變化是否符合人類社會的發展規律，是否是正確的。似乎對於多數人來說，只能臣服於現實，去面對和適應現實的壓力！

面對這並不完美的世界，我們更要做好自己！

高校的莘莘學子，作為普通民眾的子女，都在一條充滿競爭的道路上前行。不少人希望大學畢業後，經過自己的努力，過有房有車有度假的「標配」生活。大學畢業後，希望能買房、結婚、生子；能得到晉升機會，拿到公司的股票期權；能夠當上政府機構的處長、局長……這是許多大學生朋友們在內心中盼望或期待擁有的東西。

試想，職場中的朋友，若身處北京、上海、廣州、深圳這樣的一線城市，晚了兩年買房，就要為此多付出數倍的努力。這都是擺在年輕人面前的現實壓力，滯後一步，步步落後！面對這樣的社會環境，多數人都無法淡定，這種不淡定的心境同

樣會擴散到校園裡，怎能讓學子們不慌張呀！可以說，現代人幾乎都有這樣的焦慮！

老徐即使到了這把年齡，若遇到不順利的事，例如在個人投資中損失本已微薄的財富，以及可能失去一些機會等，也一樣會感到焦慮，所以我非常理解當代大學生在現實面前的焦慮感！但無論怎樣，都要積極面對。對於身處這一環境的大學生朋友來說，你們要做好現實的人生設計，盡量規避人生路上的曲折，也減少父母的擔憂。雖然說，生活不僅僅有眼前的苟且，還有詩歌和遠方，但是，若不處理好眼前的苟且，哪來心情擁抱心中的詩和遠方呢！俞敏洪若不做出一個成功的新東方教育集團，哪有可能去「販賣」他作為人生導師的信條；沒有一個成功的新東方教育集團，俞敏洪既沒有心情，也不會有這麼多粉絲。

我們堅信一點，大學畢業生，在職場上雖然起點不高，**但是面對現實的諸多困境，只要自己堅持不懈地努力，就一定會找到屬於自己的位置**。知名企業力帆實業（集團）股份有限公司現任的年輕的董事長牟剛先生就是一個很好的例子。

牟剛來自四川巴中一個普通農家，1989年考入四川外語學院（現在更名為四川外國語大學）英語系，1993年大學本科畢業。大學畢業後，牟剛到了重慶手動葫蘆廠工作，這是一家普普通通的企業，牟剛從事的也是普普通通的工作。

雖是普通工作，但牟剛勤奮學習、努力工作，將學校所學

的外語知識熟練運用於國際貿易工作中，從一名普通的外貿業務員成長為業務經理，完成了從大學生向基層管理者的轉變，這個過程他用了五年時間。牟剛在這個崗位的起點不高，轉變過程也不算短，但打下的基礎很紮實。據牟剛後來回憶，這一段基層工作經歷讓他熟悉了基層情況，學會了如何與同事、領導相處，以及與客戶打交道。這些經歷讓牟剛受益匪淺。

1998年，牟剛跳槽來到了力帆，從事摩托車出口工作。當時政府剛剛放開民營企業自營進出口權，力帆的進出口業務剛剛起步，沒有任何基礎。「有條件要上，沒有條件創造條件也要上」，懷著這樣的信念，牟剛只身一人到越南開拓市場，拜訪客戶，頭戴一頂草帽跑遍了越南。大半年時間的努力，迅速打開了越南市場。此後，牟剛的腳步踏遍了全球幾十個國家，力帆的進出口業務也做得風生水起。一年多後，時任力帆進出口公司總經理的澳籍華人離開，牟剛因為業績突出升任進出口公司總經理。

2005年，是牟剛到力帆工作的第七個年頭。牟剛已升任為力帆分管出口業務的副總裁，所分管的摩托車出口業務蒸蒸日上，多年排名同行業出口和重慶出口第一，出口也成為「力帆三件寶」之一。這一年，力帆完成企業戰略轉型，從摩托車行業進入汽車行業。企業進入汽車行業伊始，就在籌劃出口工作，公司尹明善董事長第一個就想到了牟剛，覺得他年輕、有衝勁，能帶團隊奮力搏殺、開拓市場。就這樣，牟剛放棄了在摩托車出口領域打拼下的良好基礎和熟悉的工作環境。而且為了不影

響摩托車出口業務，牟剛只帶了三個年輕同事轉戰汽車出口事業。新的產品、新的環境、新的團隊，一切從頭開始，又是一次艱苦創業！經過幾年的努力，牟剛帶領新組建的團隊，將力帆汽車出口到了俄羅斯、伊朗、南美洲、非洲等幾十個國家和地區，衝到了自主品牌乘用車出口量第四的位置。

知名企業家、公司創始人尹明善董事長曾評價，牟剛帶領的進出口團隊是力帆的「鐵軍」，曾經創造了公司一半以上的利潤。正是憑藉出色的工作表現和出眾的領導力，牟剛不斷晉升。2015年8月，牟剛升任公司總裁；2017年10月，46歲的牟剛被大股東和董事會一致推薦，擔任了公司的董事長。

剖析牟剛從一名沒有任何背景的普通大學畢業生成長為上市公司董事長的歷程，我通過和牟剛對其成長經歷的交流，歸納幾點，供大學生朋友參考。

第一，無論身處何種境況，都要平和地面對周遭的環境，對社會、對企業、對同事、對老板要懷感恩之心，只有認識到每一個平臺、機會、經歷的來之不易，才懂得珍惜每一次機會；第二，要踏實、敢闖，勇於接受新的挑戰，對優秀業績抱有永恆的追求之心，並時刻保持改革、創新意識，以適應不斷變化的市場環境；第三，要有韌勁，堅持自己的信念和目標，並為之不懈努力，要明白人生就是一場馬拉松，看的是誰能跑得遠、跑得久；第四，一個人不論何時，不論做到什麼崗位，都要不斷學習、善於學習，這樣才不被不斷變化的時代所拋棄。

牟剛的事例讓我們看到，作為大學畢業生的我們踏上工作

崗位之後，可能會面臨諸多不如意，甚至在自己認為有一定成就的時候，仍然會遭遇諸多的變故和新的挑戰。但是，不管今天遭遇多少壓力和不如意，都要保持一份信念，保持一份熱情，不要被眼前的挫折、暫時的沉寂所擊垮，要相信所有的經歷不論是成功或是失敗都是自己的財富。只要善於總結、學習，不斷強大自己，我們就能夠把握自己的命運。

我們身處的時代，是技術大爆發的時代，互聯網改變了信息傳播的方式；我們身處的世界，有宗教的衝突，信仰的困惑；我們畢業工作時，每個月得到的有限薪酬，時時讓人感到窘迫。但我們要堅信，歷史始終向前發展，人類始終在進步，我們終究會有辦法找到生存的方式，尋找到屬於自己的「諾亞方舟」，探求到適合自己的發展路徑！

在前文中，我們多是談作為一名大學生該如何去迎接和面對自己的大學時光，以及如何選擇自己的未來。但不管我們怎麼去規劃，挫折都是在所難免的，我們可能說錯話、做錯事，還可能走錯路。即使沒有這些挫折、失敗和可能做錯的事，由於我們擁有的先天資源有限、能力有限，我們仍然暫時看不到美好的未來。不過，我們可能遭遇的一切，可以打倒我們，但我們決不能被生活打敗！被打倒了，我們可以從頭再來，但自己的內心被打敗了，就很難再站起來了！因此，不管我們面臨什麼樣的艱難時光，都不能阻止我們勇敢地走下去！正如知名

藝人劉曉慶所著的《人生不怕從頭再來》一樣，她「**曾無數次被打倒，但永遠不會被打敗；沒有靠山，自己成為山；失去了天下，再打天下**」。正是這種不屈和樂觀，支撐著她憑藉自己的努力東山再起。

　　無論在任何社會，一個人總是應該有一定的信念的，只有堅守自己的信念，其思維和行動才有支撐點。之前談到的從大學教授轉行做企業的創業者劉福泉告訴我說，創業十多年來，走過了許多艱難時光，有時候恍惚在地獄間遊走，若沒有信念，是走不到今天的。他靠著信念堅持下來了，最終走向了成功。還有，在20世紀的六七十年代，知識青年離開城市到農村去，到邊疆去，他們可能認為自己一輩子都無法離開那裡了。那種沮喪是巨大的，有的人就此消沉了、頹廢了，但是，仍然有一些學生，一直堅持自己的信念，堅持讀書學習。這些在艱苦條件下仍然堅持讀書學習的同學，終於隨著時代的變遷，迎來了恢復高考的人生機遇。

　　受過高等教育的大學生，無論在工作、生活或創業時，處於何種境地，都要有理想和信念，要有自己的操守！一個人有信念，才能執著地去做事。人的一生，會遭遇很多困境，甚至可以說是生命中的艱難時刻，若沒有信念，就難以堅持，而只有不屈的精神和樂觀的信念，才能幫助我們迎來生命中的輝煌！

　　大學生朋友們，成為一個有信念的人，一個有夢想的人，人生終將燦爛！

♯延伸閱讀♯ 一位成績只夠上二本大學的考生讀香港大學的故事——越努力越幸運

大學生需要具備哪些素養？大家可能會羅列若干條：要有遠大理想、要有堅韌不拔的毅力、要有自信等。其實，**最關鍵的一點就是要把自己的願望轉化為行動**，只有行動才可能帶來好結果。

十多年前，小徐在四川成都讀高中，我們知道，四川省參加高考的學生基數大，壓力也大。小徐 2002 年高考發揮得不太理想，按照成績只能讀二本類高校，當時被澳門大學錄取。大家知道這所高校和香港大學的差距是巨大的。小徐一直夢想今後在金融行業發展，之前他的願望是考上香港大學，他認為，讀香港大學對於實現自己的夢想會更近一步。

十餘年前，要讀香港大學金融專業，競爭是非常激烈的，不少能夠讀北京大學或清華大學的考生，都可能不會被香港大學錄取。遇到這樣的情況，一般的同學會想，按自己的高考成績，只能夠讀二本批次的高校，讀香港大學就是做白日夢。但是，小徐卻不這樣想，他想，按照自己的現狀，該如何去讀香港大學金融專業呢？有什麼辦法能夠去讀香港大學金融專業呢？他一直在琢磨這件事。

當然，在思索期間，小徐還是去了澳門大學。小徐到了澳門大學就讀之後，沒有放棄讀香港大學的夢想，他還是特別希

望能夠到香港大學金融專業去學習。對於大多數剛進入大學的18歲左右的大學生來說，這樣的想法是異想天開。但小徐琢磨，是否有別的途徑讀香港大學呢？於是他就上網查詢香港大學的官方網站，終於發現香港大學教務處欄目下，在不顯眼的地方有接收轉學申請的說明。小徐眼睛一亮，仔細研究申請資質，覺得有一絲可能。

小徐就根據香港大學的轉學申請要求，一邊準備材料，一邊在澳門大學認真學習。其中申請材料需要提供一份推薦信，推薦信一般是由知名學者撰寫推薦。大一期間，剛好是澳門大學經濟系的系主任給小徐上課。小徐在澳門大學讀書期間，各方面表現都很積極主動，系主任對小徐的印象也非常好。小徐把自己想到香港大學學習的願望告知了系主任，這位老師同意給小徐寫一封推薦信。所有需要的申請材料都準備好了，小徐就把申請材料寄給了香港大學。

材料寄出後，香港大學很快就給了回復。經過前後數次郵件溝通，香港大學給小徐提供了一個面試的機會，其實就是委派一名老師在電話中和小徐交流。整個交流過程有一個小時，全程英語通話。事後小徐才得知，這位電話面試他的老師，來自美國，好在小徐和老師用英語交流得比較順暢。

面試通過後，香港大學同意給小徐發放了有限制條件的錄取通知，限制條件就是小徐大一期間的平均學分績點（GPA）要達到3.5分，作為錄取前提條件。這之前，小徐在澳門大學大一期間的學習本來就特別認真，成績當然超過3.5分了，於

是大二順利進入香港大學金融專業學習。

2006年，小徐畢業回到了四川，在他之前四川省還沒有香港大學金融專業的畢業生，他算第一人吧！小徐自己去找工作並如願以償，在國內某股份制銀行謀取了一份職位，現在發展得很不錯，也已戀愛、買房、結婚、生子。小徐畢業期間趕上了銀行的好時光，前幾年所得薪水不菲。雖然錢並不是最重要的，但我認為，年輕人在青年時代，不為錢而窘迫，會給自己帶來更多的自信！

仔細想想，這個過程並不是太複雜，不需要任何人脈資源，也沒有任何額外的花費。做成這事，關鍵是不拘泥於現有條件，積極創造條件，不斷用行動去解決問題。這種行動，包括大膽積極地和香港大學溝通並準備材料；真誠的表現，得到本校老師支持並寫推薦信；學好英語，面試能夠流暢表達；認真學習，在期末考試中有一個好分數。這些事做到了，就成了！

小徐的故事，是人的一種積極的思維方式的體現。努力去探索，總有路可走。大學生認真做好自己，有夢想，就去行動，遇到任何複雜的項目，你就把項目分解為相對簡單的事項，一項一項地去做，一步一步地去做，夢想就有實現的一天。實現自己的夢想，會給你帶來精神上巨大的成就感、愉悅感和自信心！你的人生就是精彩的人生！

附錄

附1
大學時代不妨做幾件事
——只有行動,才能改變

老徐嘔心瀝血，花費近一年的時間撰寫這本書，希望對同學們有所幫助。不過，不管你再怎麼認可老徐說的話，即使你感覺醍醐灌頂，但是沒有在改變觀念的基礎上採取行動，也是枉然。老徐再給你出謀劃策，建議你在大學時代踏踏實實地干幾件漂亮的事。如果你認可老徐的看法，就去做吧，能做幾件算幾件！這樣，你的大學時光一定會增添不少色彩。

第一件事：主持一次讀書分享會

在你讀過的書中，選出一本你最有感悟的書，反覆「咀嚼」，把書中的精華分享出來吧。

主持一次讀書分享會，一定有趣，而且會讓你受益匪淺。注意幾點：①不僅僅分享書中有價值和有趣的東西，還要加上自己的感悟、體會和觀點；②整理好思路，做成精美的PPT，以便有更好的視覺效果，分享之前一定要演練；③邀請你的同學、朋友、學長（學姐），以及一兩位老師，聽你的分享，人數達到10人以上；④讀書分享會的時間控制在60～80分鐘左右，其中你自己的主題演講時間以30～40分鐘為宜。

老徐認為，主持一次讀書分享會，有助於你學會讀書和思考，鍛煉你的表達能力及溝通協調能力。

第二件事：調研一家企業

　　企業是社會經濟活動最基本的「細胞」，瞭解企業就是瞭解社會；多數學生大學畢業後會在企業工作，即使是在校期間兼職或實習，或畢業前尋找工作，都需要事先瞭解企業。在大學期間，選定一家企業進行調研，瞭解一家企業的基本情況，包括在行業中所處的地位和前景，在市場上的競爭能力，未來的發展預測等。

　　建議的調研手段，主要借助互聯網，有條件的也可進行實地調研。具體方式：①上網通過「國家企業信用信息公示系統」（網址：http://www.gsxt.gov.cn），或者手機上的「企查查」應用程序，瞭解企業註冊情況、企業的投資人和股權結構等基本信息，通過這種簡單的手段就能知曉企業的真實性；②如果企業是上市公司，會定期公布企業的年報等信息，通過上海證券交易所、深圳證券交易所或「東方財富」及「大智慧」網站查詢這些信息非常方便；③如果是非上市公司，調研難度較大，工作量也較大，最好能組織幾個人形成團隊開展工作；④調研具體企業時，可拓展到企業所處的這個行業，分析企業在行業中的地位和市場競爭力，把這作為重點。

　　老徐認為，調研企業，就是讓同學們學習如何搜集信息和調查真相，如何分析和思考。還可以讓自己在今後實習或求職時盡可能地規避被欺騙的風險。同學們通過瞭解企業，進而瞭

解相應的行業，如果能夠給企業提出一點有價值的建議，那麼你今後若到這家企業或同類企業求職，優勢就凸顯出來了。

第三件事：做一次社會調查

社會是由不同的階層構成的，瞭解社會各階層的生活狀況、生活方式、酸甜苦辣，對於同學們更好地認識社會、認識自己都非常有價值。同學們可以選取某個階層或生活在某個區域的人群進行調查。選題內容包羅萬象，範圍非常廣泛，例如，調查非戶籍人口的子女就讀中小學的狀況等。注意幾點：①大學生對社會的認識還顯稚嫩，不宜選過於敏感的話題；②幾個人組成團隊開展工作，有助於培養協作精神；③不僅要發現和提出問題，還要提出解決問題的思路，重點是提供解決辦法。

老徐認為，受過高等教育的大學生，要有家國情懷，要有悲憫之心，要有獨立思考的意識。做社會調查就是培養這些的一種嘗試。

第四件事：分析所學的專業，嘗試做一次職業發展的初步規劃

作為大學的學子，瞭解自己的專業非常重要，同時，大學生的專業和未來的職業發展有較大的關聯。你可以嘗試根據自己的專業、興趣、特長、行業興衰和社會發展趨勢等，做一次

個人的職業發展預測，有助於明確自己的目標。建議做以下的工作：①認真閱讀學校提供的本專業的培養方案和課程體系的設置；②通過互聯網等，瞭解其他學校相同專業的課程設置情況；③訪談本專業的學長（學姐），聽聽學長（學姐）的學習感受；④尋找一位自己比較熟悉的專業課老師，聽老師的看法和建議；⑤最好能找到已經畢業的同專業的校友，向他們請教。

老徐認為，有了這些訪談的基礎工作，就嘗試給自己做一次職業發展的初步規劃，一個人有了目標和方向感，才有學習和做事的動力。

第五件事：完成個人電子資料、紙質資料和物品的整理

有人說「桌上物品雜亂的人，往往具有創造性」。我們不必去爭論這句話是不是對的，即使是對的，也絕對不要傻傻地以為把環境故意弄得雜亂無章，就能提升創造力。

大學生或職場人士，自己的學習或工作資料，不管是電子的還是紙質的資料，如果能做到有序存放，查找起來就方便快捷。物品歸類有序，既不容易丟失，需要的時候也能快速找到，這樣就能極大地提高學習和工作效率。

對於電子資料的存放，以前用硬盤或 U 盤，若硬盤壞了或 U 盤丟了就麻煩了，現在可以存儲在雲端，包括「百度雲」等都是不錯的存儲方式。但「百度雲」這類存儲方式更適合存儲

照片或視頻等，對於文檔資料，有人用「有道雲筆記」，不過還是有很多不足。

老徐建議，用「印象筆記」存儲文檔等電子資料是比較好的選擇，若只存文檔不存照片，那麼每個月耗費的流量不大，完全相當於免費使用。用「印象筆記」存儲可以建立資料的目錄體系，查找和檢索非常方便，甚至可以達到一秒就找到資料的效果；再加上「印象筆記」支持全平臺操作，在電腦或手機上查詢都很方便；而且只要牢記密碼，就不用擔心資料丟失。

整理紙質資料和物品，使其有序擺放，建議採用給相應的資料和物品貼標籤的方式，可以方便查找。有條件的同學，可以用標籤打印機製作標籤。

對於個人電子資料、紙質資料和物品整理等方面的進一步學習，可關注微信公眾號「不要假裝讀大學」進行交流。

第六件事：完成一次真正的旅行

人們常說「讀萬卷書，行萬里路」，讀萬卷書是通過讀書學習增長學識，行萬里路是通過旅行和周遊各地開闊眼界、增長見識。這句話可理解為理論要結合實際，並且學以致用，提高能力水平。

這是一個多彩的世界，不同地域有不同的風土人情，旅行能讓你感受不同的地域文化，陶冶自己的性情。建議同學們在大學幾年的學習期間，利用暑假的機會，約上幾位同學和好友，

認真做好旅行計劃和準備，完成一次真正的旅行。

老徐建議：①一切旅行安排，以安全為第一宗旨；②一起旅行的同伴，是真正相互瞭解的同學和好友，並徵得父母的同意；③旅行前搜集足夠的信息，提前做好旅行規劃和安排；④準備好必要的藥品、緊急情況下的聯繫方式和應急措施；⑤女生結伴而行，可招募較為熟悉的男生同行，相互有個照應。

旅行計劃就如項目計劃一樣重要，真正的旅行不是通常的隨團旅遊。旅行可以開闊視野，但做任何事都可能有一定的風險。老徐在這裡只是提供一點建議，大學生對所做的事要有自己的評估和決策。

對以上建議的在大學時代嘗試去做的事，大家可展開討論。為方便進一步交流，可關注微信公眾號「不要假裝讀大學」。限於篇幅原因，老徐在這裡就不再贅述了。

附 2
大學生 100 天行動計劃
——改變你一生的習慣

　　決定一個人一生有多大成就的往往不是智力因素，而是非智力因素。這些非智力因素是一個人長期形成的做事風格和習慣，就如亞里士多德所說：「日復一日做的事情，決定了我們是

怎樣的人；所謂優秀，並非指行為，而是習慣。」那麼，既然「優秀是一種習慣」，我們該如何來培養自己的好習慣？

仔細想一想，一個人需要的好習慣還真不少，而且既然是習慣，那麼形成一種習慣或改變某種習慣還真不容易。在老徐看來，大學生養成幾個基本的、好的行為習慣還是能夠做到的，比如早睡早起、運動和讀書三個習慣。至於說養成這三個習慣的好處和價值在本書前面都談過了，關鍵是我們如何才能做到。若你能夠養成這幾個好習慣，別的你希望養成的好習慣，也是能夠達成的！

曾經有人提出「21天養成好習慣」，但不少人實踐後卻發現，到第22天又回了到原點。至於多少天能夠養成或改變一種習慣，不同人有不同的感受。據資料顯示，杜克大學的一項研究認為，習慣的形成是源於動作的不斷重複。在做一件事的時候，人的大腦會生成一種名叫神經通路的神經鏈，幫助信息分子在大腦不同區域間自由傳輸。通過重複練習，神經通路的活性會隨之加強，例如有人習慣在早晨衝澡，那每當他蘇醒時大腦就會主動分泌某種生物電信號，驅使他本能地走進浴室。

一旦習慣養成，神經通路活性也會越來越高，人就會形成本能的反應。要養成一個習慣，就是要堅持到神經通路活性足夠強的那天。養成習慣具體需要多少天，應該說要根據不同的人和要形成的不同習慣來決定。老徐認為，我們的習慣是在不知不覺中形成的，我們所要做的就是一直不停地堅持，直到不經意間，發現自己已經本能地在做那件事了。

老徐設計了一項「大學生 100 天行動計劃」，希望以此行動計劃幫助大家養成這三種好習慣。具體踐行方案如下：

（1）參與人員。尋找 3～7 名同學，組建「早起行動組」。通常，在大學宿舍的一間寢室有 4 位同學或 6 位同學，如果同一寢室的同學都參與是最好不過的了。四人間的兩間寢室 8 個人為一組，或六人間的一間寢室 6 個人為一組，一起參加「早起行動組」，這樣更容易堅持下來。

（2）預期目標。逐步養成早睡早起、運動和閱讀的習慣。地球上的不同地區，時間是有差異的，像北京、上海和杭州等地，實際時間比重慶、成都等地要早一個小時。東部高校通常第一節課開始時間為 8:00，重慶、雲南不少高校第一節課開始時間為 8:30，新疆大學第一節課開始的時間冬季為 10:00，夏季為 9:30。建議重慶、成都地區的高校學生 6:30～7:00 就該起床了；相應地，晚上不宜太晚入睡。第二個目標是養成運動鍛煉的習慣，方式多種多樣，簡單易行的運動方式是慢跑。第三目標是養成讀書的習慣，建議「早起行動組」在同一時間週期，大家共同閱讀一本書，並一起進行讀書心得分享。

（3）相互鼓勵和監督。行動組成員建立 QQ 群或者微信群，每天在群裡「打卡」，或者利用手機上的應用程序，例如「朝夕」等「打卡」，或者自己每天發朋友圈都可以。為了增強踐行的趣味性，行動組成員每人繳納一點費用作為「獎勵基金」，用於獎勵堅持踐行的成員。

（4）周會反思。每週組織一次小組會，小結本周小組成員的踐行情況，或者就最近共同閱讀的某一本書進行分享。一群人共同做一件事，就容易堅持；一群人一起學習和交流，是最好的學習方式，思想的碰撞更容易產生智慧的火花。

（5）成效總結。參加行動計劃 100 天後，同學們進行小組和個人總結，展現各自踐行的效果，檢視自己哪些習慣養成了，給自己帶來了哪些變化。這些收穫會激勵自己繼續保持好的習慣。

關於組建「早起行動組」的更細緻的方案，有興趣的同學可關注微信公眾號「不要假裝讀大學」。限於篇幅原因，老徐在這裡就不再贅述了。

附 3
和兒女一起「讀大學」
——獻給家有學子的父母們

　　當您的孩子在您的懷抱裡時，親子閱讀是一種非常美妙的享受！

　　而今兒女已經長大，進入大學，離您的空間距離和心理距離都越來越遠。

　　請您和兒女共讀一本書，讓您和兒女的距離不再遙遠！

　　　　　　——老徐和同為大學生父母的您共勉

孩子讀大學之前的這幾年，他們的辛苦是不言而喻的。孩子天天早出晚歸，即使有的孩子住校，父母也沒有閒著。很多父母心疼孩子，每天熬好雞湯，做好香噴噴的飯菜，中午送到學校去，希望孩子在辛苦之餘，能吃上可口的飯菜。父母工作忙的家庭，爺爺奶奶、外公外婆都來幫忙。

和中學生及其父母承受的精神壓力相比，身體上的辛勞倒是其次的。特別是到了高三這一年，高頻率的、無休止的考試、排名，常常讓孩子們精神緊張。孩子緊張了，父母也跟著緊張。為減緩壓力，少數父母會帶孩子去找心理諮詢師，甚至個別孩子因無法堅持而放棄高考。

6月8日高考結束，孩子不用再成天對著永遠做不完的習題，稍微可以放鬆一下了。之後的一個多月，等待成績、填報志願、等待錄取，又讓孩子和家長在忐忑中度過。

孩子考上大學了，終於鬆了一口氣！剩下的一個月時間，多數同學玩得很盡興！似乎有無窮的時間上網閒聊、玩游戲、看電視，晚睡晚起，晝夜顛倒。這樣下去，父母看不慣了，就干涉孩子。孩子不服氣，覺得自己辛苦12年，該放鬆一下，好好補償自己。於是，父母和孩子的衝突就產生了！

孩子長大了，到了這個年齡，兩代人有衝突是普遍存在的，也是正常的。若兩代人沒有衝突，孩子一直是聽父母話的乖寶寶，從小到大都沒有叛逆心，這樣的孩子的內心，可能反而潛伏著更大的問題。父母要思考的是，如何正視和面對這種衝突。

孩子讀大學這個階段，是孩子從少年向成年轉換的關鍵階

段。按照《中華人民共和國民法通則》,「十八週歲以上的公民是成年人,具有完全民事行為能力,可以獨立進行民事活動,是完全民事行為能力人」,所以從法律意義上說,我們的孩子高中畢業進入大學時,幾乎都是完全獨立的個體,大部分都是成年人了。孩子們進入大學後,具有較強的自我意識,自身也渴望獨立,不少學生對周遭環境和世界有自己的看法和主張,而他們的父母展現出來的眼界、能力等並不被孩子認可。由於大學生在經濟上還需要依附於父母,客觀上不得不受制於父母的干預,但他們的內心是渴望獨立的。

大學生的父母,無論自己的兒女多大了,都在心理上始終覺得兒女還是一個孩子。的確,大學生們為人處世還顯得稚嫩,生活習慣不一定恰當,學習習慣還需要改進,未來的一切都需要好好規劃。認為自己有能力指導子女的父母,很希望去引導孩子,但孩子往往並不對父母的教誨買帳;而如果是文化程度不高的父母,缺乏引導能力,更是只能對讀大學的孩子干著急。子女讀大學往往在異地城市,即使在同一城市,一個月也只能見上兩三次,父母和子女的交流主要依靠電話、微信等方式。父母肯定有擔憂,但面對這些問題有時顯得無能為力。

作為一名有幾十年教齡的高校教師,老徐可以負責地說,如何度過大學學習階段非常重要,甚至比中學階段更為重要。**中學階段的學習決定的是一個人讀什麼大學和專業,大學階段的學習決定的是一個人將過什麼樣的人生。中學階段的學習拼的是智商和學習習慣,大學階段的學習拼的是悟性、情商和人**

生視野。我們知道，智商是不能改變的，而悟性、情商和人生視野是可以培養和歷練的。

我們作為家有大學生的父母們，如何面對進入大學的兒女，如何和他們相處，如何促使他們在大學階段收穫更多，引導他們走在正確的人生路上。這些對於一個家庭是非常重要的。

老徐作為一名大學教師，同時也是一名大學生的父親，和大家一樣，有著同樣的擔心和困惑，好在我有幾十年高校教學的經歷，有一雙喜歡觀察的眼睛和一顆愛思考的大腦。在這裡，我談談自己的看法。

學會寬容自己的兒女

從大學生的父母的角度出發，我們的孩子已經是法律意義上的成年人了。過去兒女在父母的庇護下成長，現在兒女長大了，進入大學學習，在心理上渴望得到別人包括父母的尊重。就這一點，父母要學會尊重兒女。以我的女兒為例，她在家裡，特別喜歡把自己關在房間，並且要求我們進她房間之前，要敲門得到許可才能進去，她上網看的內容，不願讓我們看到，她寫的文字，不願讓我們知曉。最初，我們夫妻對她的要求和舉止有些不快，但最終還是接受了。

眾所周知，國內目前的中小學教學，存在著明顯的應試的傾向，特別是到了高三這一年，一切都圍繞高考指揮棒轉，為了盡可能地提高學生的考試分數，一切安排都會讓位於應試技

巧的培養。長期高負荷的以應試為目的的學習，就可能導致學生的學習興趣消失，不利於學生創造力的培養。到了大學階段，過去教學過程中存在的瑕疵，一定會影響同學們在大學階段的學習狀態。大學新生在經歷剛入大學的短暫興奮之後，對大學學習很容易出現懈怠，學習不在狀態。但我認為，這種現象的出現不是學生自身的錯。作為學生的家長，我們無力去評判和改變子女過去的學習經歷，我們要理解孩子們一路打拼到現在的辛勞，學會寬容自己的孩子，但同時，也要引導自己的孩子盡快走出學習懈怠的狀況。

理解兒女所承受的壓力

要理解社會發展的趨勢，理解社會競爭的加劇給兒女們的心理帶來的影響。作為家有大學生的父母們，我們的父輩經歷過饑餓，物質匱乏已深深地嵌入其成長的過程。我們都有兄弟姊妹，我們的父輩能把我們養大已經很不容易了，很難有更多的精神上的奢望。而當我們自己養育孩子的時候，正在經歷物資從匱乏到豐富的轉變，而且我們大多數人都只有一個孩子，那可是百般呵護、精心培養；而且中國人歷來重視對子女的教育，望子成龍，望女成鳳的心願特別強烈，對兒女的期望普遍都比較高。

我們的子女大多數是獨生子女，從小到大受到的關注度高，不僅有父母的關愛，還有爺爺奶奶、外公外婆的溺愛；我們的

子女在物質上的需求很容易被滿足，而且由於是獨生子女的緣故，他們的成長環境，沒有兄弟姐妹，天生就缺乏和同齡人相處的經歷，比較自我，缺乏換位思考的意識。這是這一代大學生容易表現出的缺點。

這一代大學生成長的物質環境較好，使得他們對金錢的追求有時顯得有些淡泊。其實，這種現象的出現是好事，是社會發展到這個階段應該有的狀況。不過，他們雖淡泊於金錢，但他們的消費慾望還是蠻大的。

不容忽視的是，隨著生產力水平的提高，社會經濟的發展，社會競爭不是減弱而是加劇了。由於生產力的發展，產業結構調整，就業壓力加大，很多大學畢業生的薪酬並不高，尤其是和所在城市的房價相比更是寒磣。再加上當今社會，階層上升的通道並不太暢通，社會階層相對固化，不少普通家庭的大學生在走向社會之後，生存和發展的壓力巨大，要改變命運並不是一件容易的事。正是在這樣的社會環境下，部分大學畢業生對未來缺乏信心，於是「喪文化」便在一些場景下流行起來。我們過去激勵自己，把「奮鬥改變命運」「越努力越幸運」等作為勵志名言，但現在的年輕一代，卻調侃自己「努力未必會成功，但不努力一定會很輕鬆」，承認自己就是無能。在我看來，當代青年這種自我的「主動污名化」，是一種自我解壓，是在表達對「追求成功」而不可得的失望，既是一種情緒宣洩，又是對這個世界秩序的一種「溫和反抗」。

放下功利心，以平常心面對子女的未來

父母都希望自己的子女未來的生活能夠過得好，最好能出人頭地。當父母的有這種心理期望是可以理解的，這是人類的天性，尤其華人的這種望子成龍、望女成鳳的願望更強烈。在這種心理引導下，父母就容易對子女未來的發展提出不切實際的要求，甚至會過多地干預子女選擇的生活方式。當然，為人父母，引導子女選擇未來的生活道路是應該的，是一種責任，但我們盡到責任就行，切不可不顧子女自己的想法和選擇，從而導致兩代人之間產生不必要的矛盾。因為，我們的子女也是獨立的個體，他們有他們的認知和想法，我們不能代替他們去思考。而且，身處不同的年齡階段，對問題的看法和感受是不一樣的，有時候，父母講的道理不一定有用，需要子女們自己去感悟。

為人父的我，曾經也希望告訴女兒，未來的路怎麼走，希望盡力避免她走彎路。後來，我意識到，有些路明知是彎路，你還得容忍她走，因為她不去嘗試走一走，怎麼知道這是「彎路」。但我一位朋友的剛大學畢業參加工作的女兒反駁我說，所謂「彎路」，只是上一輩自己的看法，在他們看來這不一定是「彎路」。這位剛工作的大學畢業生說的話，提醒了我，我的想法也許對，也許不完全對，重要的是，孩子能不能接受我們的觀點。所以，我們奉為圭臬的有些觀點，也得容忍子女們的不接受。

華人對子女的呵護和關愛，也體現在對子女的物質幫助上。

我的一位到澳洲做訪問學者的同事和我聊天時說，在澳洲，華人普遍比其他族群的收入要高，但是本地人對移民到澳洲的華人有些不解甚至不屑，覺得華人更偏愛追求財富，買房子，一買就買兩套，自己一套，子女一套，他們無法理解為何要給子女買房子。這個事例讓我們反思，我們有我們的生活，子女有子女的生活，子女和我們之間是相互獨立的個體，俗話說「兒孫自有兒孫福」，我們既不可能，也沒必要去安排後輩的生活。我們要學會接納一個「平凡」的子女，多一點淡定，少一點「功利」心，只要我們的子女在這個世界能夠靠自己獨立生活就是我們的福分！

做最好的自己，做最好的父母

作為大學生的父母，我們教育子女的最好方式，就是我們自己認真對待生活，用自己的生活態度、學習態度和工作態度影響子女。也就是說「做最好的自己，做最好的父母」，「身教重於言教」。

前段時間，在網上流傳一篇小學五年級學生的作文，題目是《我的媽媽》。稚嫩的字體是這樣寫的：

我的媽媽不上班，平時就喜歡打牌和看腦殘的電視劇，一邊看還一邊罵，有時候也跟著哭。她什麼事也做不好，做的飯超級難吃，家裡亂七八糟的，到處不乾淨。

她明明什麼都做不好，一天到晚光知道玩兒，還天天叫累，

說都是為了我,快把她累死了。和我一起玩的同學,小青的媽媽會開車,她不會;小林的媽媽會陪著小林一起打乒乓球,她不會;小宇的媽媽會畫畫,瑤瑤的媽媽做的衣服可好看了。我都羨慕死了,可是她什麼都不會。

我覺得,我的媽媽就是個沒用的中年婦女。

如果作為父母的我們,在子女心中是這樣的形象,你的任何說教,都無濟於事。只有作為父母的我們,對待生活和工作有一個積極的態度,才可能讓子女尊敬你,才可能引導子女有一個健康的心理,有一個積極的生活和工作態度。

相信下一代比我們更有智慧

隨著社會的發展,人類的智慧在不斷地沉澱,越來越厚重。我們的兒女從小獲得的信息、接受的知識,和我們小時候相比,那差距可是天壤之別。正是這樣,如今年輕一代,比我們這一代更聰明,要相信他們比我們更有智慧。

為人父母的我們,在心理上始終視自己的子女為孩子,這一代年輕人,由於多數是獨生子女,他們受到的關愛更多,更容易被眾多長輩溺愛。但是沒有經歷風雨,哪能得到錘煉,哪能獲得成長!其實,新一代年輕人,接受新事物的能力比我們強,他們是網絡時代的原住民,接受現代文明的洗禮更多。從整體上看,他們比上一代人更有規則意識,更講公共秩序,這是他們的優點。

作為父母的我們,要學會放手,逐步培養他們的自我管理

的能力，引導子女們對自己的未來負責，樹立對自己負責的意識。讓年輕一代擁有為自己負責的意識，是父母最明智的選擇。

更進一步地講，不僅要讓子女具有對自己負責的意識，同時，父母對子女的付出應該有一個度，不能無原則地付出。我認為，父母和子女之間相互都是獨立的個體，雖是一家人，但彼此應該有邊界，父母要盡可能地盡到自己養育子女的責任；同時應該讓子女意識到父母的辛勞，讓孩子理解和感受到父母的付出。這樣才可能讓子女逐步建立起家庭責任感和家族責任感。一個具有責任感的人，才是一個可以值得信任的人，才是一個受尊敬的人！

親情和愛，可以拉近兩代人的距離

兩代人之間有所謂「代溝」，這是一種自然的現象，因為不同年齡段的人，對事物的認識和感受是不同的，而且成長環境也是不一樣的。正是代溝的存在，容易導致父母和子女之間相互不理解，而且，我們正處於社會環境發生巨變的時代，這種代溝現象更容易出現。好在我們這一代人逐步變得更理性，更有悟性。我看到不少母女倆無話不談、父子倆話語投機的場面，說明兩代人之間只要彼此寬容和理解，是能夠和諧相處的，因為一家之中的兩代人，彼此是以血緣關係為紐帶的，父母對子女的愛是無私的，家庭的利益是一致的！

讓我們兩代人共同努力，逐步抹平代溝，跨越溝通障礙吧！

國家圖書館出版品預行編目(CIP)資料

不要假裝讀大學 / 徐世偉 著.-- 第一版.
-- 臺北市：崧博出版：財經錢線文化發行, 2018.10
　面； 公分
ISBN 978-957-735-541-6(平裝)
1.大學生 2.學生生活
525.619　　107016607

書　名：不要假裝讀大學
作　者：徐世偉 著
發行人：黃振庭
出版者：崧博出版事業有限公司
發行者：財經錢線文化事業有限公司
E-mail：sonbookservice@gmail.com
粉絲頁　　　　　網　址：
地　址：台北市中正區延平南路六十一號五樓一室
8F.-815, No.61, Sec. 1, Chongqing S. Rd., Zhongzheng Dist., Taipei City 100, Taiwan (R.O.C.)
電　話：(02)2370-3310　傳　真：(02) 2370-3210
總經銷：紅螞蟻圖書有限公司
地　址：台北市內湖區舊宗路二段 121 巷 19 號
電　話：02-2795-3656　傳真：02-2795-4100　網址：
印　刷：京峯彩色印刷有限公司（京峰數位）
　　本書版權為西南財經大學出版社所有授權崧博出版事業有限公司獨家發行電子書及繁體書繁體版。若有其他相關權利及授權需求請與本公司聯繫。
定價：400元
發行日期：2018 年 10 月第一版
◎ 本書以POD印製發行